写给青少年的书法·碑刻·古籍档案

孙建华 著

天地出版社 | TIANDI PRESS

推荐序

幸得“写给青少年的国宝档案”这套书，读来颇为喜悦。这喜悦一方面是看到这套专门为青少年读者所做的图书顺利完成，另一方面是觉得这套书很有新意。毕竟对于现在的青少年来说，光有知识分享还不够，还要有真正有趣的内容才能吸引他们。

现在的青少年面对的诱惑实在是太多了，相比于游戏，书本的吸引力显然是不足的。如何让孩子们少玩游戏多读书呢？为这事，不仅家长们头疼，多年从事图书策划的编辑们也颇为头疼。要为青少年做书，不仅要先靠选题内容过孩子父母那一关，更要靠优质内容吸引青少年主动去阅读。

这套“写给青少年的国宝档案”在选题方面是很好的，它以“国宝”为总领，将青铜器、玉器、陶器、瓷器、金器、银器、古画、书法、碑刻、古籍都囊括其中，内容丰富自不必多说，还条理清晰，很适合青少年阅读。所以从这一角度来看，这套图书是很符合父母为孩子选购图书的需求的。

选题之外，这套书在内容框架上也有很多出彩的地方。由于每一册图书所选定的国宝分类不同，细分板块也会有所不同：在介绍青铜器国宝时，除了基本的档案信息，还有对国宝铸造工艺的介绍；在介绍玉器国宝时，除了对其选材造型的介绍，还有对其文化价值的介绍；古画、书法等也是如此，不单单局限于国宝本身，而是将知识内容扩展到更为广阔的范围，这对于青少年的知识扩充和思维发散都是很有帮助的。

做历史科普类图书，最重要的是对历史知识准确的把握，不能出现一丝一毫的偏差。书中的每一处文字都是经过细致考究、反复核对的，这便保证了这套图书的准确性和严谨性，虽说这是做图书的根本，但能做到如此优秀也是很不容易的。

很高兴能够提前读到这套“写给青少年的国宝档案”，简单翻阅之后，又细致看了一些内容，这套书确实是很值得推荐的历史科普类图书。希望现在的青少年能够多阅读这类图书，多了解中华优秀传统文化，多丰富自己的知识和阅历，做优秀传统文化的传承者和弘扬者！

中国人民大学历史系教授 何黎萍

序　言

在5000年甚至是更为漫长的中华历史长河中，埋藏着许许多多珍贵的文物国宝，这些国宝不仅自身具有极高的艺术价值，而且还含蕴着那个时代的文化特质。国宝之所以为国宝，并不因其价值连城，只因其身上镌刻着数千年来中华文化的印迹。

当今的青少年成长在互联网高速发展的时代，文化的价值让步于经济，这种潜移默化的影响虽然在当下还不明显，但在未来十年、二十年，甚至是更长的时间中，必然会显现。为了进一步发挥中华优秀传统文化的价值，不断提升当代青少年的文化素养、道德水平，近几年来我国出台了许多政策，要求在全社会广泛学习和传播中华优秀传统文化。

中华优秀传统文化的内涵十分广博，我们很难用特定的语言为其圈定范围，所以在介绍、宣传中华优秀传统文化时，不能宽泛地说“我们要传承中华优秀传统文化，我们要学好中华优秀传统文化”，而是要从具体之处入手，从一个或几个方面去阐述、去介绍中华优秀传统文化。

我认为“国宝”便是一个很好的方面，那些度过了漫长时光直到今天依然留存的“国宝”可以说是中华优秀传统文化最杰出的代表。所以，我打算以介绍“国宝档案”的形式，来为当代青少年讲述一些中华优秀传统文化的内容，正因如此，才有了这套“写给青少年的国宝档案”图书。

本套图书是专为青少年读者策划的国宝知识大百科，包括《写给青少年的青铜器档案》《写给青少年的玉器档案》《写给青少年的陶瓷器档案》《写给青少年的金银器档案》《写给青少年的古画档案》《写给青少年的书法·碑刻·古籍档案》六册内容。

本套图书在框架设计上，从各类国宝的基础简介出发，细致介绍了发现国宝的经过、国宝背后的故事，最后以国宝的艺术及文化价值收尾，内容丰富、条理分明，为读者完整讲述了与国宝相关的人、事、物。透过本套图书，青少年读者既可以了解有趣的国宝故事，又能感受中华优秀传统文化的魅力以及中华文明的博大精深。

中华文明源远流长，那些巧夺天工的文物国宝是中华文明长河中的闪烁繁星，它们背后是深厚的历史文化积淀和中华民族精神。希望这套“写给青少年的国宝档案”，能够为当代青少年打开学习中华优秀传统文化知识的大门，帮助他们更好地了解中华优秀传统文化，感悟中华民族精神。

目

录

泰山的镇山之宝

千古第一李斯碑

国宝档案

国宝年代：秦代

规格：小篆字体，原刻铭文共 223 字，现存 10 字

收藏场所：山东省泰安市泰山岱庙

揭开面纱

中华传统文化崇尚天人感应，而泰山作为五岳之首，一直被认为是“天”的象征。中国皇帝认为自己建立了丰功伟业，都想到泰山封禅，从这一点便可以看出泰山在古人心中的重要地位。

在泰山上保留着数百块历代碑刻，其中就包括李斯碑、张迁碑、衡方碑等，它们不仅代表着古往今来发生在泰山的各种历史，更在一定程度上代表着中国书法的发展脉络。在诸多碑刻名品中，秦朝李斯篆书《泰山刻石》（又名“李斯碑”）被称为“国宝石刻”“天下名碑之最”，虽然李斯碑目前仅存 10 个字，但依然

▲秦　李斯碑

李斯碑是刊刻于秦代的一方摩崖石刻，分为两部分。该刻石书法法度严谨，端庄浑厚，字体工整匀称，疏密有度，沉稳朴拙，后世拓本较多。

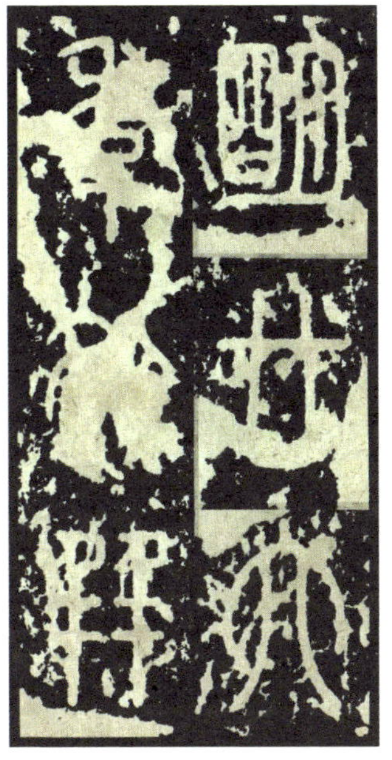

▼秦　李斯碑　拓本

小篆是中国古汉字的最后阶段，具有极高的艺术价值。此拓本用笔精美，平稳修长，结构左右对称，疏密适宜。

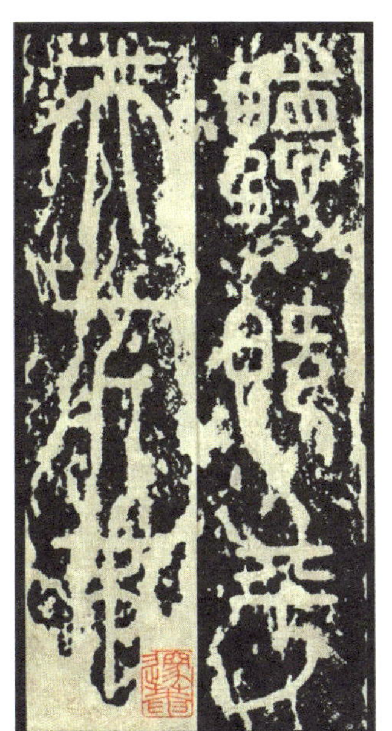

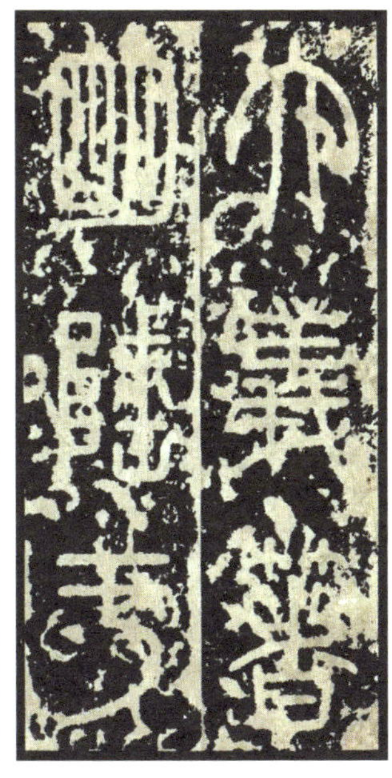

運行諸產得
宜大義著明
陲于後嗣革

皇帝躬聽既
平天下不懈
興夜寐建設

長利訓經宣
達遠近畢理
咸貴賤分明

也如後嗣爲
之者不稱成
功丞相臣斯

臣去疾御史
大夫臣昧死言
臣請具刻詔

書金石刻因
明白矣臣昧
死請制曰可

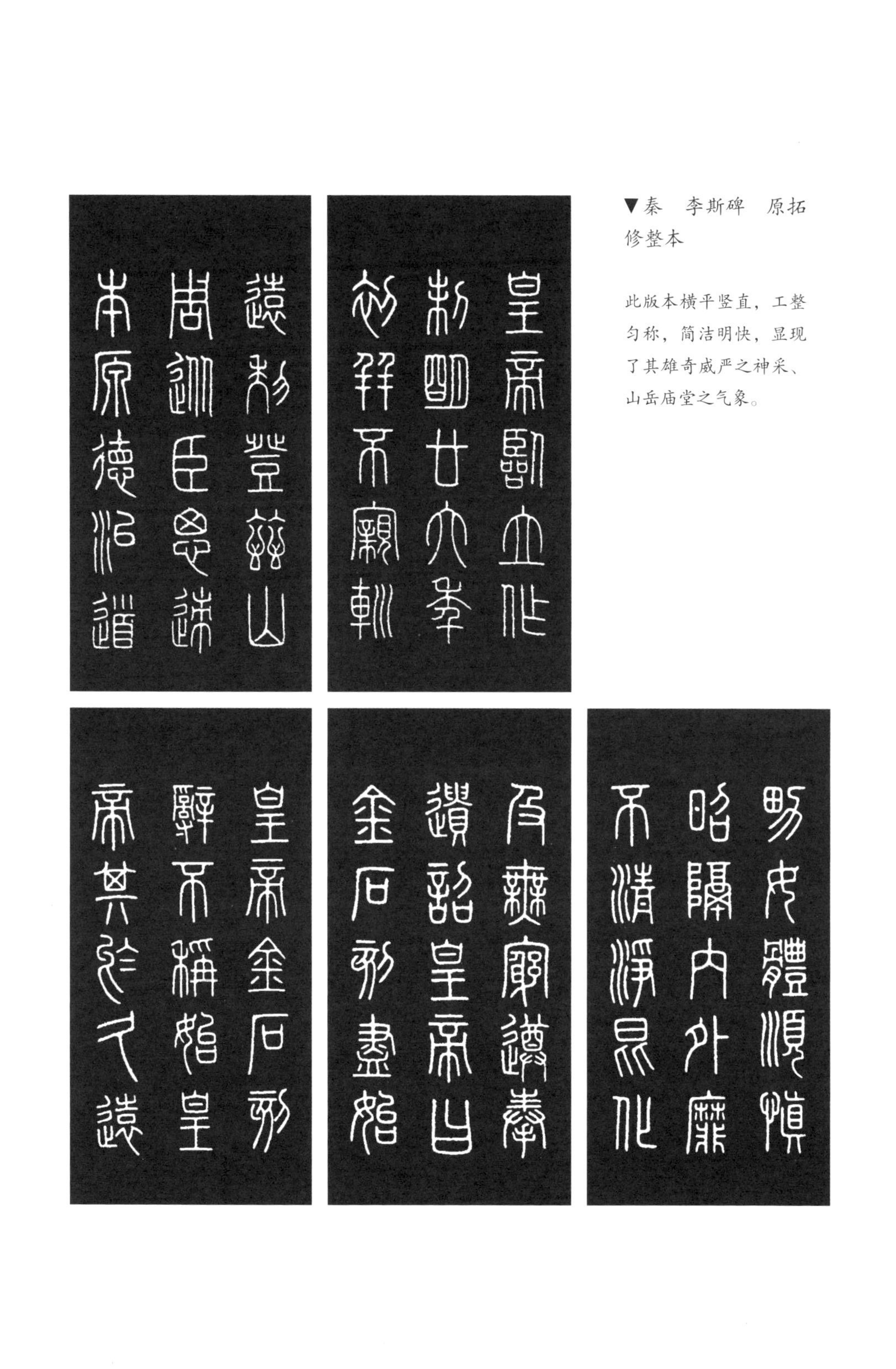

▼秦　李斯碑　原拓修整本

此版本横平竖直，工整匀称，简洁明快，显现了其雄奇威严之神采、山岳庙堂之气象。

挡不住人们对它的喜爱。那么，备受赞誉的李斯碑到底有什么特殊之处呢？

“千古一碑”，泰山国宝

李斯碑近似长方形，铭文字体为小篆。刻石正面有 144 个字，内容是宣扬秦始皇灭六国、统一天下的功绩，表达治理国家的决心；背面有 79 个字，内容为秦二世胡亥来泰山封禅时所刻诏书。

秦始皇统一天下后，为了彰显天下共主的威严，选择巡视四方，率领百官到全国各地展示威仪。公元前 219 年，秦始皇的巡行大军来到了泰山，热衷于求神拜仙的秦始皇登上泰山举行了封禅仪式。此时，跟随秦始皇封禅的李斯用他创制的小篆文字记录下了这载入史册的一刻。而 10 年之后，秦二世胡亥也效仿其父秦始皇封禅泰山，李斯又一次陪同前往，并在同一块石碑上铭文篆刻。

但谁也想不到，仅仅几年之后，李斯与胡亥便都死于非命，强大的大秦帝国也瞬间崩塌了。只有这一块《泰山刻石》一直保存了下来，千百年来岿然不动，仿佛向人们诉说着大秦往日的荣光。

不过，长期的风雨侵蚀还是让石碑变得残破不堪。明朝嘉靖年间，为了更好地保护石碑，人们将其运到了泰山顶部的碧霞祠内。然而到了清朝乾隆五年（1740 年），石碑在一场大乱中莫名其妙地消失了，直到嘉庆年间才被寻回，但经过这一番浩劫，石碑的破损就更加严重了。现在，李斯碑被存放在泰安岱庙中，只残存胡亥封禅时所刻的10个字。

李斯碑在泰山文化历史中有着举足轻重的地位，它不仅记录了古代封建帝王在泰山封禅的序幕，还引发了“泰山刻石风尚”，为“泰山刻石家族”打下了最初的基础，创造出独具特色的泰山碑刻文化，无愧为“天下名碑之最”。

国宝价值

李斯碑是李斯的书法代表作。秦统一天下后，为了使全国一体，丞相李斯以秦国文字为基础，参照六国文字，创造出了一种形体匀圆齐整、笔画简略的新文字——秦篆，也就是我们俗称的小篆。在将小篆作为官方规范文字的同时，秦王朝还废除了其他字体，天下文字由此统一。

李斯为秦统一文字做出了贡献，而其书体也一直被历代学者视为杰作。如今，2000多年过去了，李斯碑依然存世，虽然仅保存了10个字，但依然是不可多得的珍宝。

李斯碑用笔平稳流转，骨肉匀称，简单明快，这都是秦小篆的突出特点。而与先秦书法相比，李斯的小篆行笔粗细大体相同，横平竖直，笔画转折处极为流利飘逸，丝毫没有生硬的感觉，雄浑中又流露出一股俊秀之气。因此，后人评价说它“画如铁石，字若飞动”，虽然处于神圣庄严的泰山庙堂，然而威严中又不失神采。

中国中古时代的百科全书

敦煌遗书

国宝年代：4 至 11 世纪

规格：内容为佛经、手稿的卷轴、经折和册子

收藏场所：中国国家图书馆、伦敦大英博物馆等

揭开面纱

“羌笛何须怨杨柳，春风不度玉门关。”一提到河西走廊，我们首先想到的往往是大漠、黄沙、落日、驼铃。然而曾几何时，这里是汉唐无比繁盛的“开放口岸”，丝绸之路从这里穿过，从前秦开始，不同的政权、不同的人陆续在这里修造宏伟的石窟。随着时间的推移，这些精美的石窟艺术慢慢湮没在了西北黄沙里，直到 20 世纪的一天才重新被人发现。

1900 年，敦煌道士王圆箓在清理石窟时，无意中发现了石窟中的藏经洞，在这里有数以万计的珍贵文物已经静静地等待了近千年。这些文物中有手稿、文书、绢帛书画等，其中 90% 左右是佛经，而其他的则是各种古代文献、资料。

王圆箓虽然没有意识到这些文物的珍贵价值，但也知道可以将其当作古董出售。就这样，在此后的几年时间里，王圆箓将这些文物分批售卖。

在当时的中国西北，有大量的西方考古学者和探险家活动，

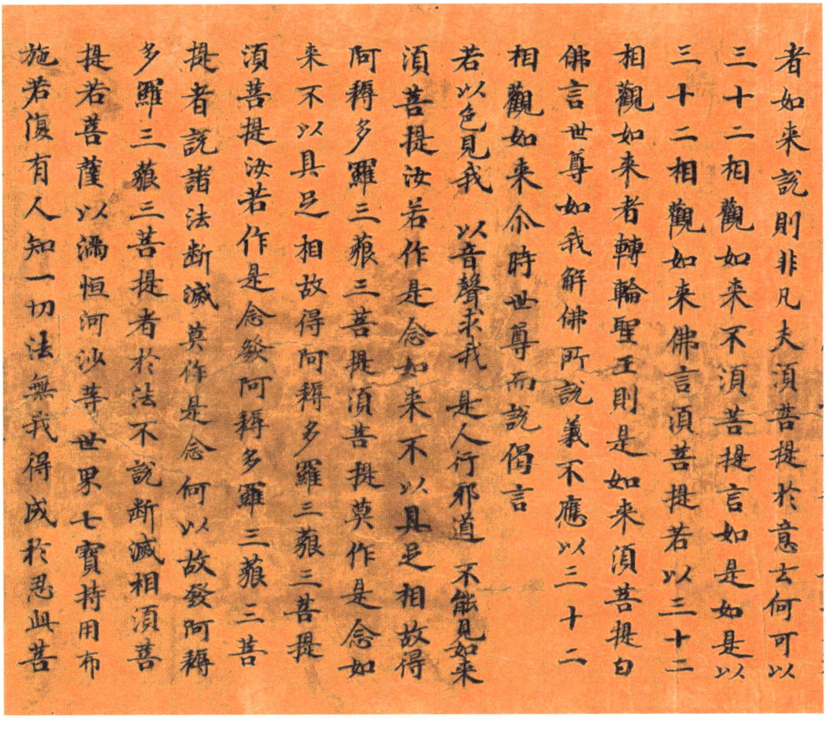

▲《金刚经》（敦煌写经）（局部）

《金刚经》（敦煌写经）是敦煌遗书中的写经精品。

▲敦煌壁画精品

当听到有古代经书外流的消息，大批外国人纷纷赶来。1907 年，英国人斯坦因骗取了 20 多箱敦煌文物。次年，法国人伯希和也骗取了 6000 余件敦煌写本和 200 多件古代佛画与丝织品。此后，俄国人、美国人相继赶来，他们先后从莫高窟带走了大量经卷。直到 1909 年，没落的清政府终于意识到了问题的严重性，于是下令正式封存藏经洞，然而此时藏经洞中的文物已经所剩无几了。

那么，敦煌遗书有什么独特的价值，能够让世界各国探险者都趋之若鹜呢？想要解答这个问题，就让我们看一看敦煌遗书到底都包含些什么。

1000 多年前的文化精髓

敦煌遗书主要存放于敦煌莫高窟 17 号洞窟，据推测总数共计 6 万余

▶敦煌遗书　《彩绘六臂十一头观音像》

此为敦煌遗书中彩绘观音像，色泽亮丽，线条流畅，现藏于法国。

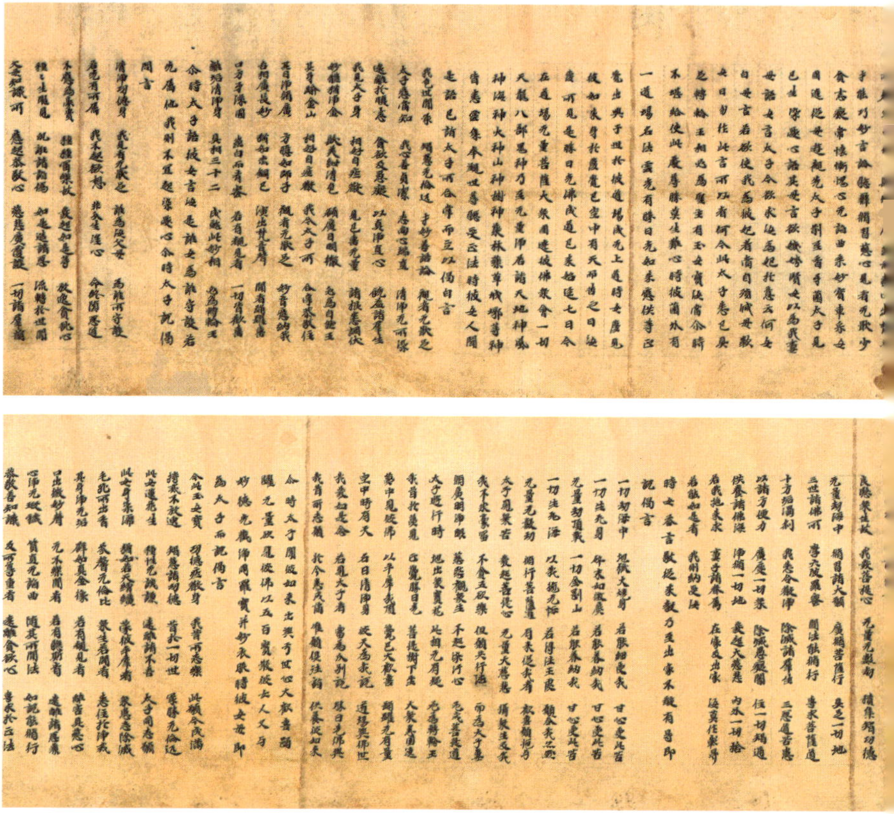

▲敦煌遗书　《大方广佛华严经·有大利（第九二七卷）》（局部）

《大方广佛华严经》还可称为《杂华经》，遗憾的是首尾俱残，为六朝写本。

卷，形式有写本、抄本、手稿等古写本和刻本、印本等古代刻印本。其中主要以佛经为主，也正与敦煌莫高窟的佛教主题相契合。除了佛经，还有律法、账册、纪录等世俗典籍以及摩尼教、景教等其他宗教典籍，被誉为“中国中古时代的百科全书”。

敦煌遗书主要有卷轴、经折和册子三种装订模式，此外还零星散见有梵夹装、蝴蝶装、挂轴装和单张页等形式。在这些规格不一的典籍中，人们发现了《金刚经》的雕版印刷版，这可以说是我国现存最早的雕版印刷佛经，仅这一件珍品就足以代表敦煌

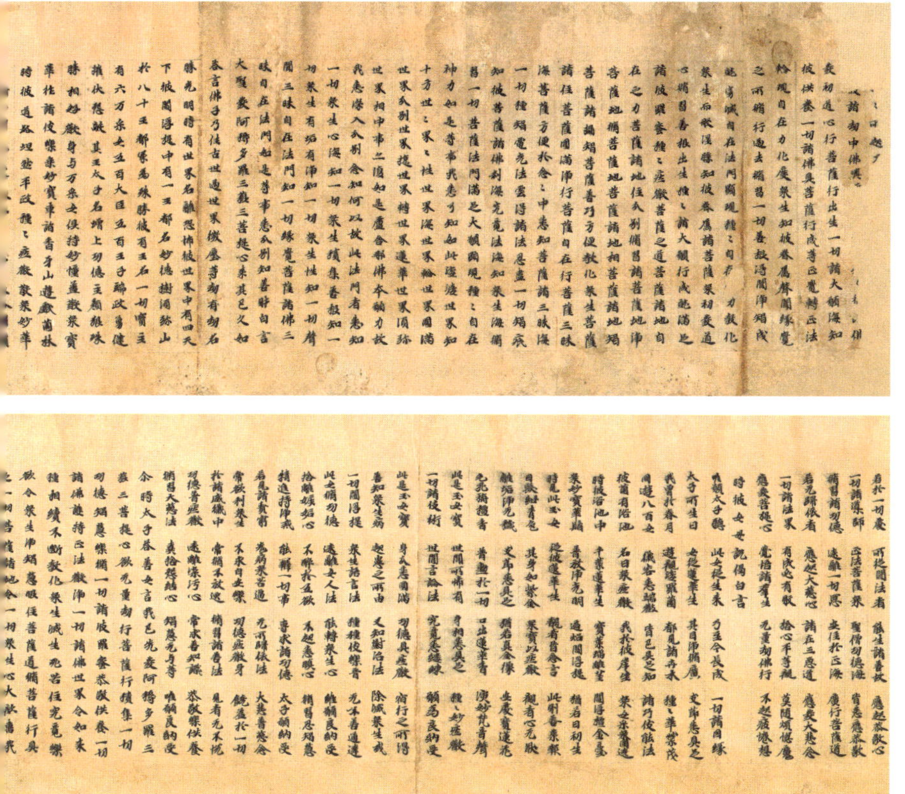

遗书的历史价值了。

除此之外，敦煌遗书中也有很多珍品可以作为书法遗书作品。现存的敦煌遗书中，汉代典籍多以隶书书法写成，而唐代以后的抄本以楷书为主，这充分表现了中国书法演化的历史。

来自1000多年前的敦煌遗书，用文字为我们保留深藏于其中的世事变化，可以说是帮助我们了解中国古代发展历程最好的资料库。

国宝价值

敦煌遗书的内容广泛、无所不包，就好像历史特意为我们在

大漠中封存了一座古代图书馆，所以其历史研究价值就不言而喻了，可以说是研究我国乃至中亚各个时代历史和文化的珍贵资料，考古学、语言学、民族学、文字学、中亚历史学、宗教学等，都能够从中获得有价值的信息。正因为如此，国际学界专门组建了一门学科，称为“敦煌学”，学科的内容就是通过研究敦煌遗书中的各种信息，对古代历史进行重建。

▲水月观音图（局部）

水月观音又称水吉祥观音，水月观音的图像在敦煌千佛洞中曾被发现。

敦煌遗书因为其珍贵的价值和传奇的经历，不仅是中国文化的重要宝库，更是世界文化的珍贵宝藏，只不过这个世界化的经历多少夹杂着一些我们中国人的辛酸与痛楚。

◀《不空绢索观音曼荼罗图》

此为敦煌文物中的珍品，绢画纵长形，主尊为四臂不空绢索观音，现藏于法国吉美博物馆。

天下第一行书

《兰亭集序》

国宝档案

国宝年代：晋代

规格：行书书帖，共 28 行，共 324 字

收藏场所：北京故宫博物院（唐摹本）

揭开面纱

如果说有什么能够代表中国书法的最高水平，那恐怕非《兰亭集序》莫属了。

《兰亭集序》成书于晋代永和九年，是中国历史上著名的书法家王羲之的行书作品。传说《兰亭集序》一问世便备受赞誉，当时就有人认为它必定千古流传。

唐代时，太宗李世民无比痴迷王羲之的书法，尤其是渴望得到王羲之真迹《兰亭集序》。李世民听说《兰亭集序》在高僧辩才法师手里后，便下诏让其进京，话里话外都是要辩才法师主动献书的意思。但辩才法师对《兰亭集序》无比珍爱，于是各种推脱。

唐太宗对辩才无可奈何，但又实在放不下《兰亭集序》，于是干脆让人前往骗取，《兰亭集序》的魅力可见一斑。

传说在唐太宗得到《兰亭集序》后，曾命书法家冯承素等临摹拓写了一些副本，作为珍宝赏赐给有功的大臣。唐太宗借花献佛的举动让《兰亭集序》得到了保存，因为在唐太宗死后，《兰亭集序》真迹也莫名其妙地消失了。有人怀疑是唐太宗将其陪葬在

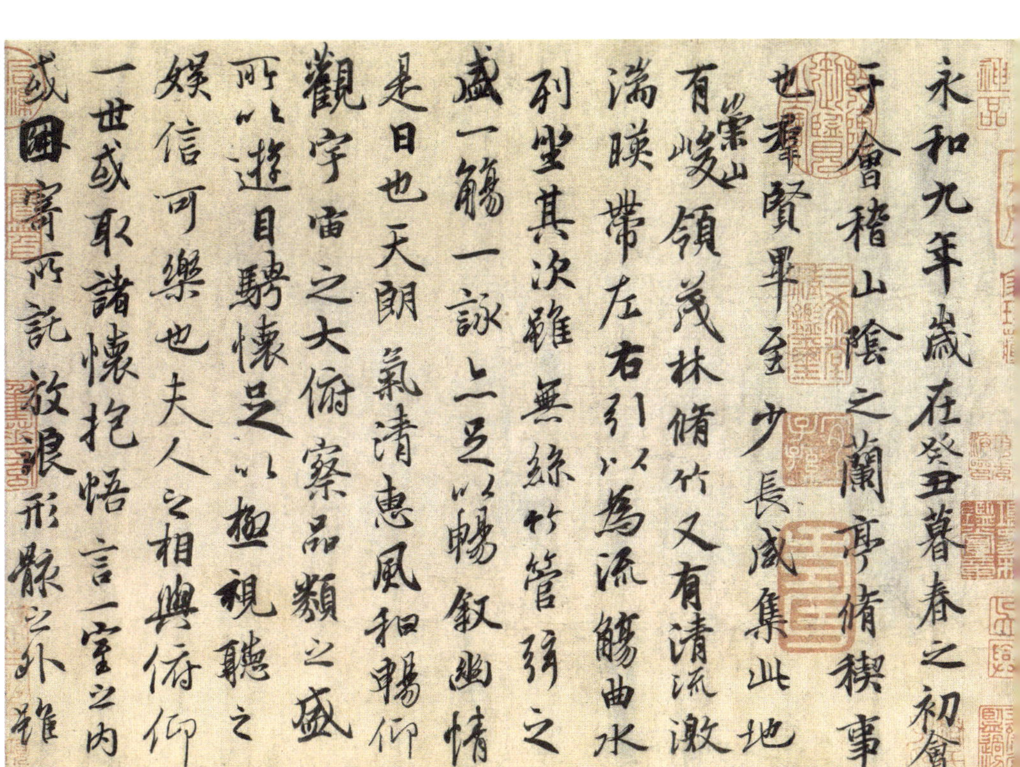

▲唐　冯承素　《摹兰亭序卷》（局部）

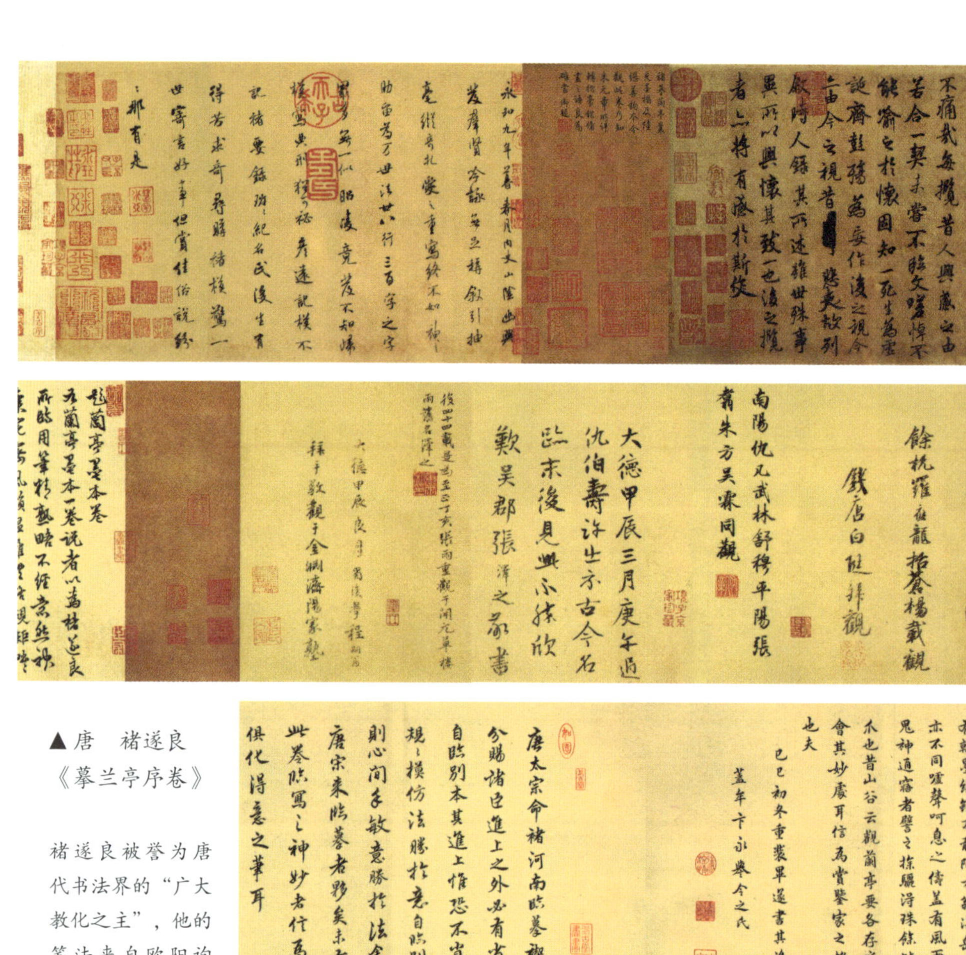

▲唐　褚遂良《摹兰亭序卷》

褚遂良被誉为唐代书法界的“广大教化之主”，他的笔法来自欧阳询和虞世南的言传身教。并且在内府当中尽窥王羲之真迹，是唐代见过和临摹过王羲之真迹最多的一个人，他临摹的《兰亭序》可以说在意境和书写性上，更能体现魏晋风度。

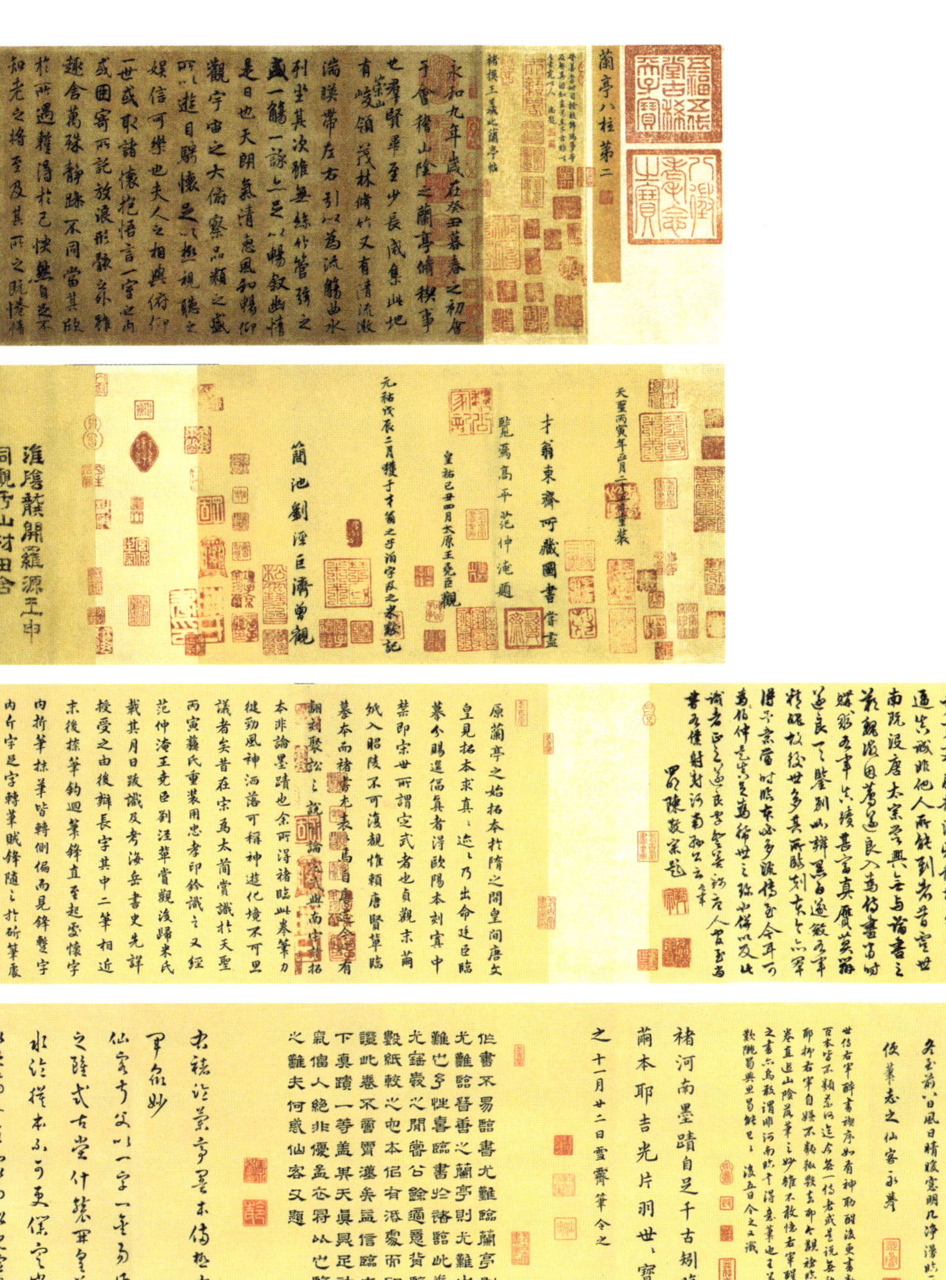

蘭亭八柱第二
褚模王羲之蘭亭帖
永和九年歲在癸丑暮春之初會
于會稽山陰之蘭亭脩稧事
也群賢畢至少長咸集此地
有崇山峻領茂林脩竹又有清流激
湍暎帶左右引以為流觴曲水
列坐其次雖無絲竹管弦之
盛一觴一詠亦足以暢敘幽情
是日也天朗氣清惠風和暢仰
觀宇宙之大俯察品類之盛
所以遊目騁懷足以極視聽之
娛信可樂也夫人之相與俯仰
一世或取諸懷抱悟言一室之內
或因寄所託放浪形骸之外雖
趣舍萬殊靜躁不同當其欣
於所遇暫得於己怏然自足不
知老之將至及其所之既惓情
天聖丙寅年正月二十五日重裝
才翁東齋所藏圖書
覽為高平范仲淹題
皇祐己丑四月太原王堯臣觀
元祐戊辰二月獲于才翁之子洵字彥之米黻記
蕳池劉涇巨濟同觀
淮陰龔開羅源王中
同觀亨山材田舍
原蘭亭之始拓本於隋之開皇間唐文
皇見拓本求真迹迹乃出命廷臣臨
摹分賜近侍真者得歐陽本刻寘中
禁即宗世所謂定武者也貞觀末蘭
紙入昭陵不可復覩惟賴唐賢摹臨
摹本而褚本尤為有唐諸家有
翻刻聚訟之說論虞南拓
本非論墨蹟也余所得褚臨此卷筆力
徤勁風神洒落可稱神遊化境不可思
議者矣昔在宋為太簡賞識于天聖
丙寅蘇氏重裝用忠孝印鈐識之又經
范仲淹王堯臣劉涇輩賞觀後歸米氏
載其月日跋識及考海岳書史先詳
授受之由後辯長字其中二筆相近
末後捺筆鉤迴幕鋒直至起處懷字
內折筆捺筆皆轉側偏而見鋒蹙字
內斤字足字轉筆賊鋒隨之於斫筆處
作書不易臨書尤難臨蘭亭剔
尤難臨晉唐之蘭亭則尤難中
難也予性喜臨書於諸臨此卷
尤留歲之閒嘗以餘暇息背臨
數紙較之也本侶有浮處而印
證此卷不啻買漆矣益信臨本
下真蹟一等蓋其天真具足神
氣偏人絕非優孟衣冠所以也臨
之難夫何感仙客又題
褚河南墨蹟自足千古劾臨
蕳本耶吉光片羽世世寶
之 十一月廿二日雪齋筆令之

知老之將至及其所之既惓情
隨事遷感慨係之矣向之所
欣俛仰之間以為陳迹猶不
能不以之興懷況脩短隨化終
期於盡古人云死生亦大矣豈
不痛哉每攬昔人興感之由
若合一契未嘗不臨文嗟悼不
能喻之於懷固知一死生為虛
誕齊彭殤為妄作後之視今
亦由今之視昔　悲夫故列
敘時人錄其所述雖世殊事
異所以興懷其致一也後之攬
者亦將有感於斯文
子昂

▲元　赵孟頫　《玉枕兰亭序》

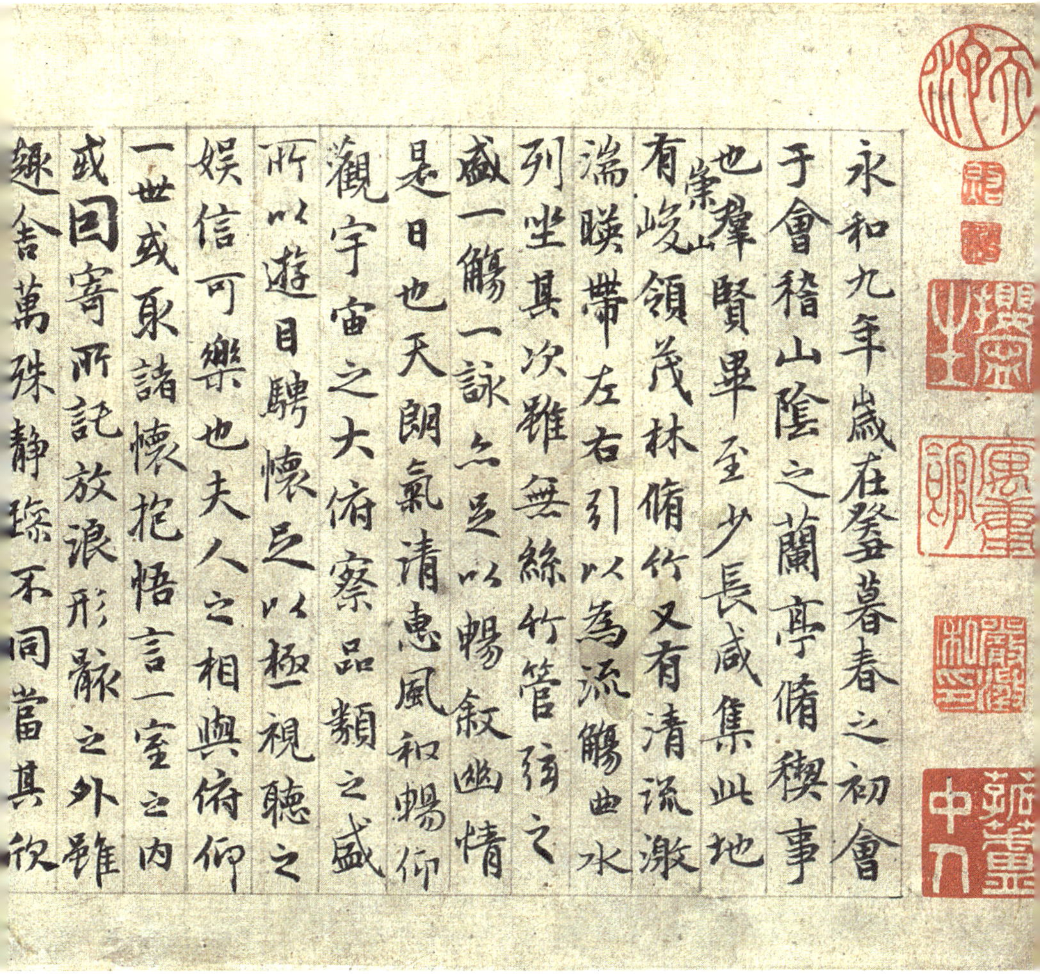

永和九年歲在癸丑暮春之初會
于會稽山陰之蘭亭脩稧事
也羣賢畢至少長咸集此地
有崇山峻領茂林脩竹又有清流激
湍暎帶左右引以為流觴曲水
列坐其次雖無絲竹管弦之
盛一觴一詠亦足以暢叙幽情
是日也天朗氣清惠風和暢仰
觀宇宙之大俯察品類之盛
所以遊目騁懷足以極視聽之
娛信可樂也夫人之相與俯仰
一世或取諸懷抱悟言一室之内
或因寄所託放浪形骸之外雖
趣舍萬殊靜躁不同當其欣

赵孟頫的《玉枕兰亭序》堪称枕书经典，其书写手法及技法处理比所临的全本《兰亭序》更为老到，风格与其《道德经》相似，因为没有文献可以证明所书年份，推测是其晚年所作。

自己的陵墓中。而到了五代时期，唐太宗陵墓被盗，《兰亭集序》就再无处寻觅了。

但因为唐太宗曾让人临摹《兰亭集序》，所以虽然真迹不见，但《兰亭集序》摹本却长久地保留了下来，以至于我们现在还能够看到1000多年前王羲之那风采飘逸的书法特色。从古至今，流传下来的著名书法作品很多，但只有《兰亭集序》被世人视为“天下第一行书”，那么它到底有何独特之处呢?

▲明　陈洪绶　《王羲之像》

王羲之是东晋的大臣，书法家，有“书圣”之称。

书圣与天下第一行书

王羲之字逸少，出身晋代著名门阀琅琊王氏。王氏在东晋权势显赫，因此王羲之凭借门荫年少便被征辟做官，后来更官至右军将军，所以又被称为“王右军”。不过，王羲之的志向却不在做官，而在书法。他12岁时经父亲传授笔法，后来博采众长，草书、楷书无一不精，年纪轻轻便名扬天下，达到了“贵越群品，古今莫二”的高度。

东晋永和九年，王羲之邀请了东南一带有共同志向的名士一起郊游，郊游的地点在会稽山阴的兰亭。他们在那里举行古人的“修禊”之礼，之后临水作诗，一共作诗 37 首。大家将 37 首诗汇编为《兰亭集》，请王羲之为《兰亭集》作序，于是王羲之就挥笔写下了这篇流传千古的《兰亭集序》。

王羲之在《兰亭集序》中借景抒情，托事言志，用颇有哲理的文字，抒发了自己乐观豁达的人生态度和超脱生死的生命境界，无论对于当时的人还是后人都有深刻的人生启发。而富有哲思的文字，让王羲之用出神入化的行书写出，更显得行云流水、潇洒俊逸，可以说王羲之的情感和书法相互交融、珠联璧合，达到了艺术和思想上的双重顶峰，因此《兰亭集序》才一直被中国文人所推崇，直到今天依然是书法艺术上的泰山北斗。

国宝价值

《兰亭集序》作为中国历史上最著名的书法作品之一，其艺术价值是无与伦比的。我们欣赏《兰亭集序》，首先要看的就是书圣王羲之的笔法。王羲之用笔刚健有力，整篇书法一气呵成、行云流水，是真真切切的行书珍品。

其次，我们要欣赏王羲之的字的结构、章法。《兰亭集序》整篇书法，字形大小相宜，结构饱满又不失灵性；更具有创造力的是王羲之对每一个字都别出心裁，整篇书法中有 20 多个“之”字，这么简单的字在结构上居然没有一样的，可见作者是多么用心。

《兰亭集序》整篇格调高雅，气韵无穷，欣赏的人随着文章而欣赏文字之美，感受其中的洒脱、舒适。

道家修行养生之书

《黄庭经》

国宝档案

国宝年代：晋代

规格：楷书黄素绢本，60 行，共 1200 余字

收藏场所：天津艺术博物馆等

揭开面纱

东晋永和年间，江南有一位道士想要获得大书法家王羲之的作品。他知道王羲之特别喜欢白鹅，因此特地养了一群又肥又大的白鹅，在王羲之常去的地方放养。王羲之一见白鹅，顿时喜出望外，问道士能不能把鹅卖给自己。道士故意表现出为难的样子，之后告知王羲之如果他能为自己写一些经书，便以白鹅相赠。王羲之立即答应了下来，于是为道士抄写了一部经书，这便是中国书法史上有名的“白鹅换经”的故事。

王羲之为道士抄写的是什么经书呢？有些人认为是老子的《道德

经》；而另有些人则认为，除了《道德经》，王羲之还抄写了《黄庭经》。

《黄庭经》是古代道家记录修行养生方法的经书。魏晋时代文人名士崇尚黄老之学，王羲之更是其中的佼佼者，因此王羲之抄写《黄庭经》是非常符合王羲之和道士的身份的。而且，后世也确实有《黄庭经》传世，只不过因为年代的关系，王羲之所书《黄庭经》原本下落不明，但现在国内很多博物馆都保留着《黄庭经》拓本。从这个角度讲，道士用白鹅所换的经书还真有可能就是《黄庭经》。那么，《黄庭经》的内容是什么？王羲之版《黄庭经》又有着怎样的独特价值呢？

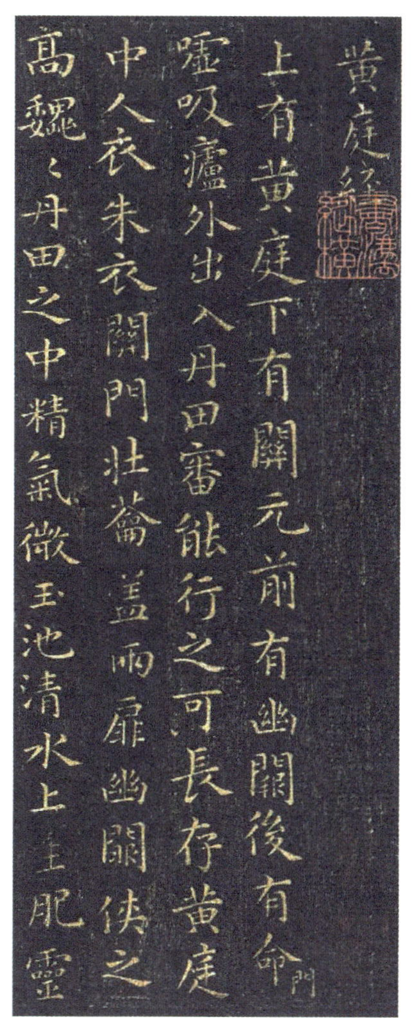

▲晋 《黄庭经》（局部）

《黄庭经》传说是西晋时天师道著名的女道士魏华存创作，是医学史上不可多得的财富。

修行养生必备之书

《黄庭经》又名《老子黄庭经》，为魏晋时期出现在民间的道家修行导引方法书，分为《黄庭内景经》和《黄庭外景经》。据历史记载，

▲宋　梁楷　《黄庭经神像图卷》（局部）

东晋道士以鹅换经，留下千古名翰。此卷绘画或为应制之作，是应皇帝之命以《黄庭经》内容为范本绘制而成。

其作者是魏晋时期著名女道士魏华存，经书问世之后假托为春秋时期老子所作，所以又被称为《老子黄庭经》。

《黄庭经》内容为七言诗歌，文字不多，但语义玄妙，正符合道家虚无缥缈的文风。《黄庭经》主要包括了道家导引吐纳的方法、天道与人体器官的关系、道家养生方法和“修仙”方法等，在魏晋时期广泛传播，不少名士都对其趋之若鹜。

在中国书法历史上，抄写过《黄庭经》的人很多，但最有名的还是王羲之版。王羲之版《黄庭经》用小楷写成，没有落款，仅在末尾有“永和十二年五月”字样。据说原版写在绢帛上，到唐宋时期，有人将书法摹刻在石碑上，成为今天无数拓本的来源。

随着时间的流逝，王羲之所书《黄庭经》原本已经散佚不见，

▼宋末元初　钱选　《兰亭观鹅图》

钱选依据王羲之书《黄庭经》换鹅的传说绘成此图，境界秀雅明润，古朴高逸。

石碑也早已不知去向，至今留下的只有明清时期的摹本，如赵孟頫临摹的《黄庭经》等为数不多的几片拓本。今天，这些珍贵的文物保存在我国各地博物馆中。看着精湛的书法和1000多年前的经书，似乎让我们回到了那个士人风流、崇尚清谈的魏晋时代。

国宝价值

王羲之版《黄庭经》用楷书写成，共计60行，1200余字。从拓本上看，整篇书帖运笔流畅，结构严整，气韵圆润，给人一种飘逸灵动的感觉。

整篇文字超过1000个字，作者蘸墨多次，因而字体有大有小，笔画有轻有重，但即便如此，整篇文帖依然显得无比和谐，长卷行云流水、错落有致，字与字之间变化也非常优美，堪称古代书法艺术的典范。

乾隆皇帝的心头最爱

三希宝帖

《快雪时晴帖》

国宝年代：晋代

规格：楷行草相间，纸本，28 字，纵 23 厘米，横 14.8 厘米

收藏场所：台北故宫博物院

《中秋帖》

国宝年代：晋代

规格：行草书，纸本，22 字，纵 27 厘米，横 11.9 厘米

收藏场所：北京故宫博物院

《伯远帖》

国宝年代：晋代

规格：行书，纸本，47 字，纵 25.1 厘米，横 17.2 厘米

收藏场所：北京故宫博物院

揭开面纱

《三希堂法帖》是我国古代规模最大、集历代书法之大成的一部大型书法丛帖，几乎囊括了我国历史上大多数著名的书法著作。其中，“三希堂”指的是乾隆皇帝收藏书法名品的书房，而“法帖”指的便是装裱好的书帖。

《三希堂法帖》包罗大量作品，而在众多的书法珍品当中，尤以三幅魏晋时期的名帖最为著名，它们分别是《快雪时晴帖》《中秋帖》和《伯远帖》。这三幅作品的著名程度使得它们简直成了三希堂的代名词，以至于后来书法界又将它们并称为“三希宝帖”。

今天，“三希宝帖”因为特殊的原因被分隔在了海峡两岸，但两岸的文物单位和书法爱好者仍然翘首期盼着三帖有一天能够重聚。为此，很多文物单位都举办过三帖拓本或摹本的集合展出，观众们在欣赏三幅精美书法作品的同时，也能够感受到中国文化艺术的精湛以及中国文化向心力的强大。

乾隆皇帝珍藏的“三希宝帖”

在故宫养心殿的西暖阁有一间小小的书房，本是清代皇帝看书、休憩用的小屋，但因乾隆皇帝将王羲之的《快雪时晴帖》、王献之的《中秋帖》和王珣的《伯远帖》收藏在书房里，并为书房起了一个名字叫“三希堂”，从此，“三希堂”便作为一个历史文化名词，成了中国书法艺术最高殿堂的代名词。

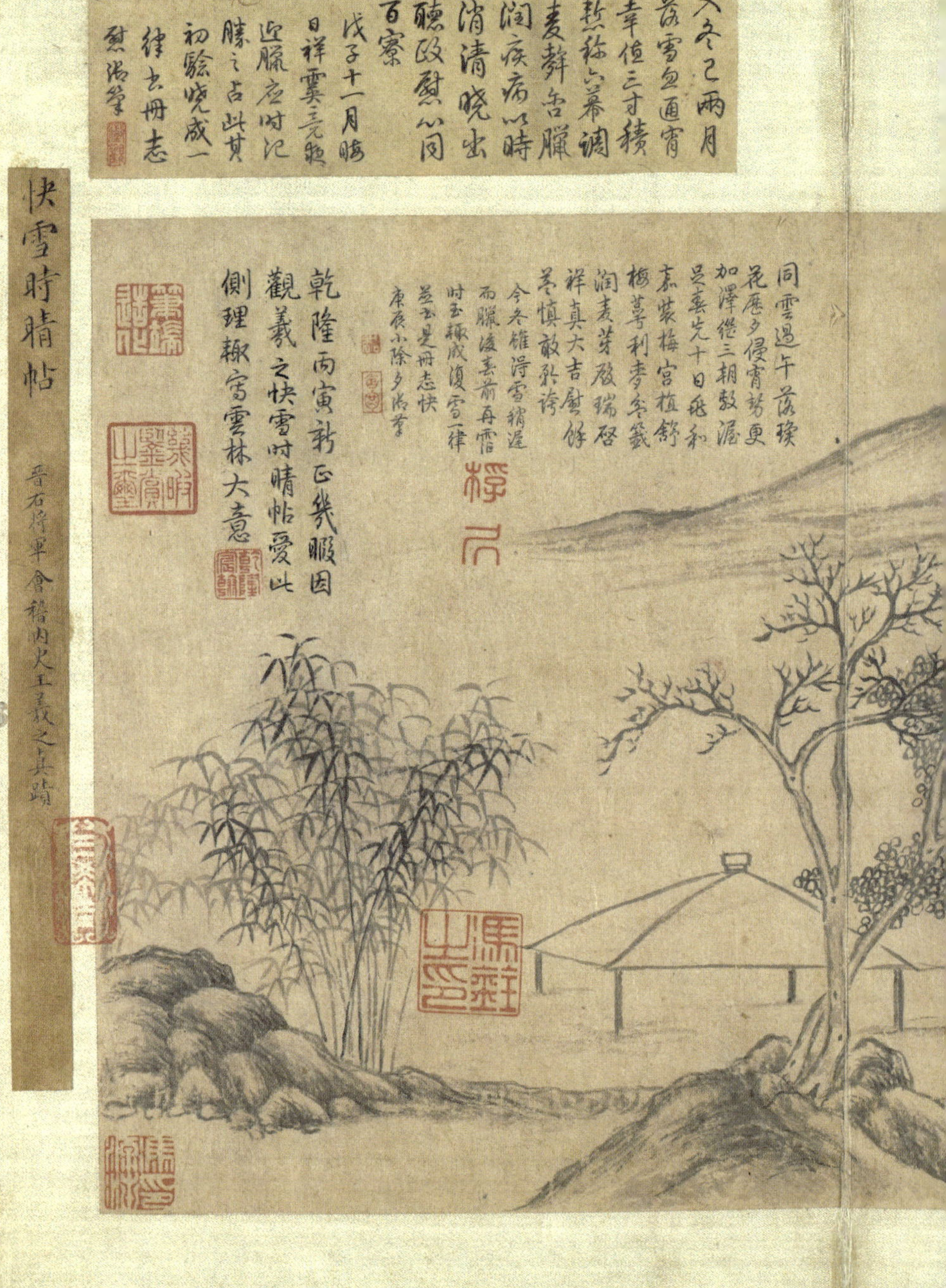

快雪時晴帖
晉右將軍會稽內史王羲之真蹟
乾隆丙寅新正幾暇因觀羲之快雪時晴帖愛此側理韌寫雲林大意

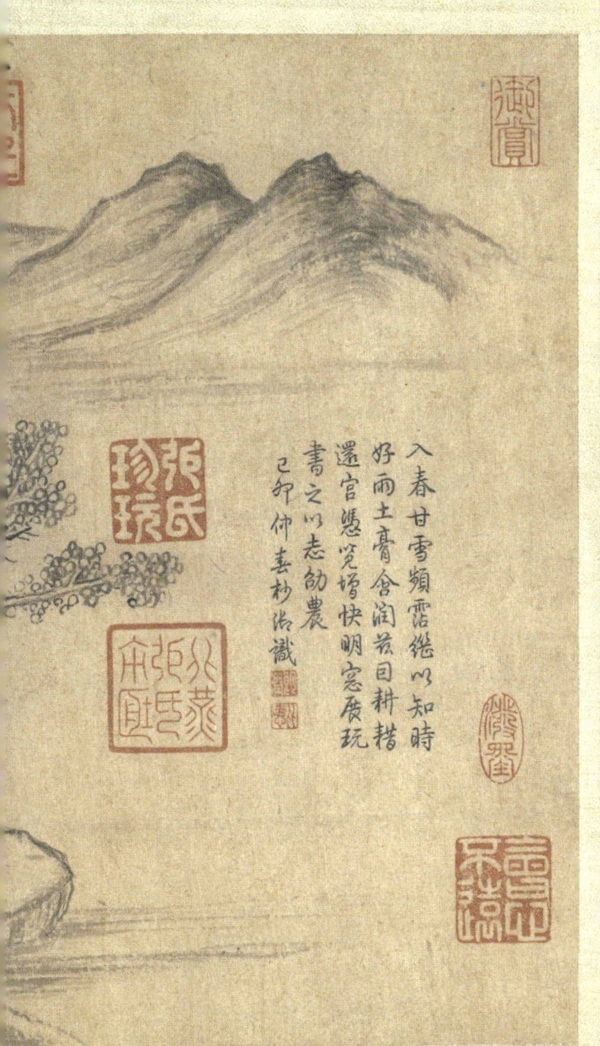

◀晋　王羲之

《快雪时晴帖》（一）

《快雪时晴帖》是一封书札，内容是写作者在大雪初晴时的愉快心情和对亲朋的问候。后有元代赵孟頫、清乾隆帝等人题跋。

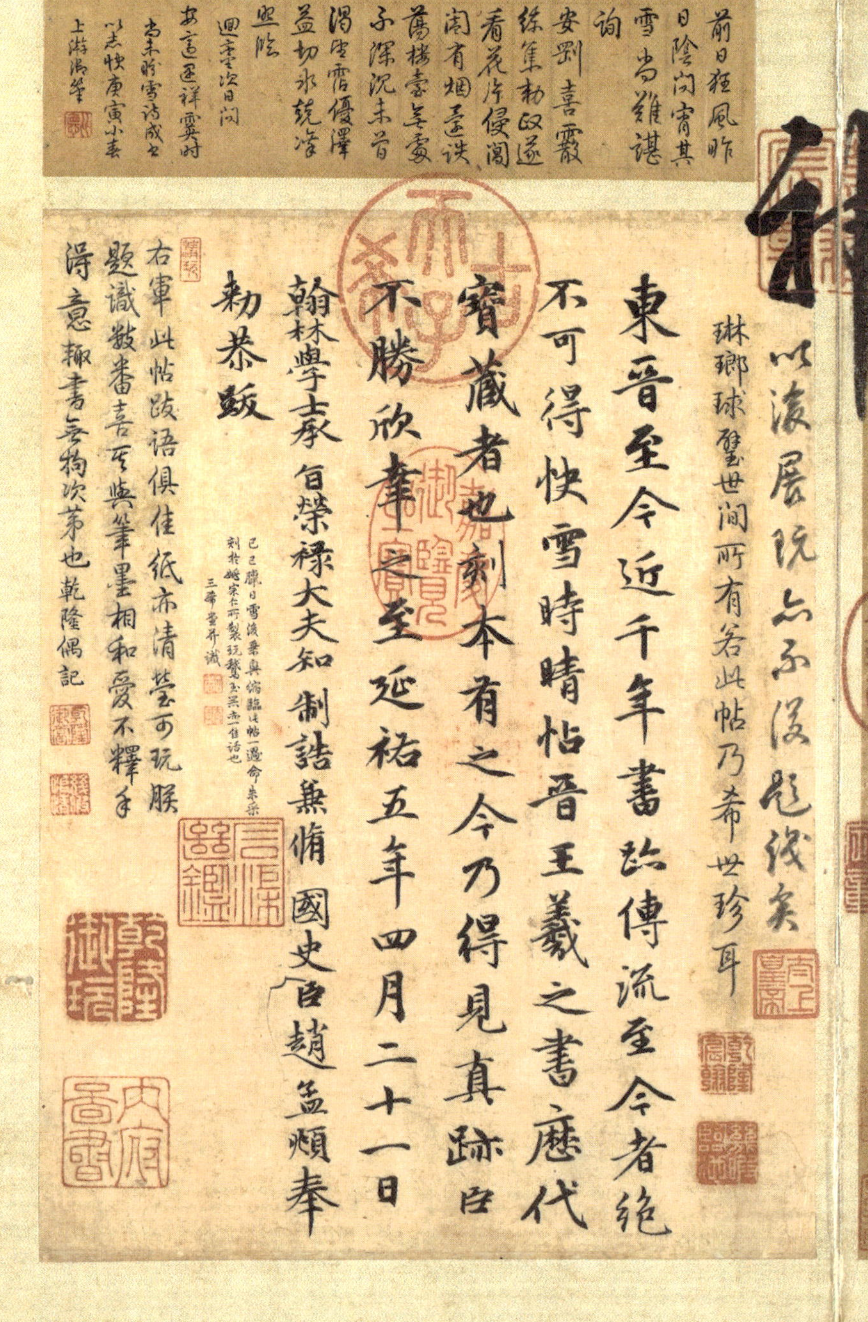

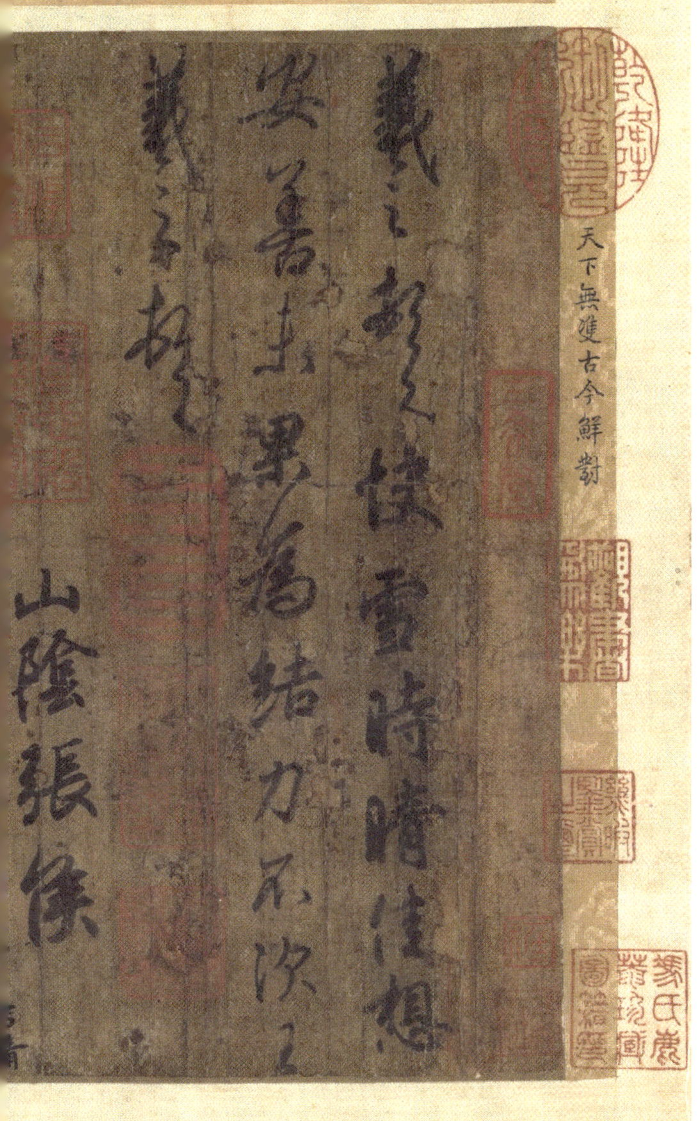

◀晋　王羲之
《快雪时晴帖》(二)

此帖用笔圆转流利，藏锋为主，不露锋芒，有着不疾不徐的情态。

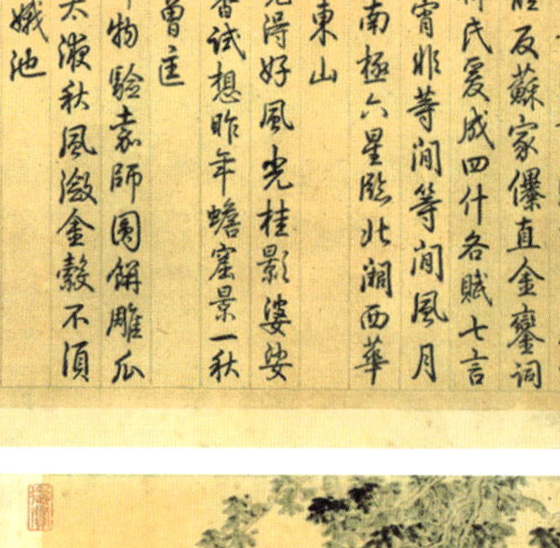

▶晋　王献之
《中秋帖》

《中秋帖》行草相杂，书法古厚，墨彩鲜润，整幅字雄浑奔放。

大令此帖米老以為天下第一子敬書
又名為一筆書前有十二月割等語今失
之又慶等大軍以下皆闕余以閣帖補
之為千古快事米老嘗云人得大令書割
剪一二字售諸好事者以此古帖每不可
讀後人強為牽合深可笑也
甲辰六月觀於西湖僧舍　董其昌題

閣帖
已至也子張可言止除此後今難而為二自余始正之
刻之戲鴻堂帖

擬中秋帖子詞有序
金祗行政素昊司時蟬噪
風秋臺上律披閶闔鵲飛
月曙樓前鏡對嬋娟於時
有象西成倉箱叶萬千之
盛無邊佳景團圓正三五
之宵露滿芝盤鳷鵲高而

晉王獻之字子敬羲之第七子官至中書令清俊有美譽
而高邁不羈風流蘊藉為一時之冠方學書次羲之密
從其後掣其筆不得於是知獻之他日當有大名
後其學果與羲之相後先獻之初娶郗曇女羲之
與曇論婚書云獻之善隸書咄咄逼人又嘗書樂毅
論一篇與獻之學後題云賜官奴即獻之小字獻之
所以盡得羲之論筆之妙論者以謂如月光鳳舞
清泉龍躍精密淵巧出於神智梁武帝評獻
之書以謂絕妙超群無人可擬如河朔少年皆悉
充悅舉體沓拖不可耐何獻之雖以隸稱而草書
特多此十二月帖未審其由割去前行又稽諸米元
章寶章録止存此數字迺大令得意書歷代傳寶今
散落南北不知凡幾家遂復至於此信天下至寶當
神護持也真值購藏永為書則雖威武勢勢不可
異而後與來者從吾所好也來裔豈可以易而忽之
須世守斯可矣
墨林項元汴敬題

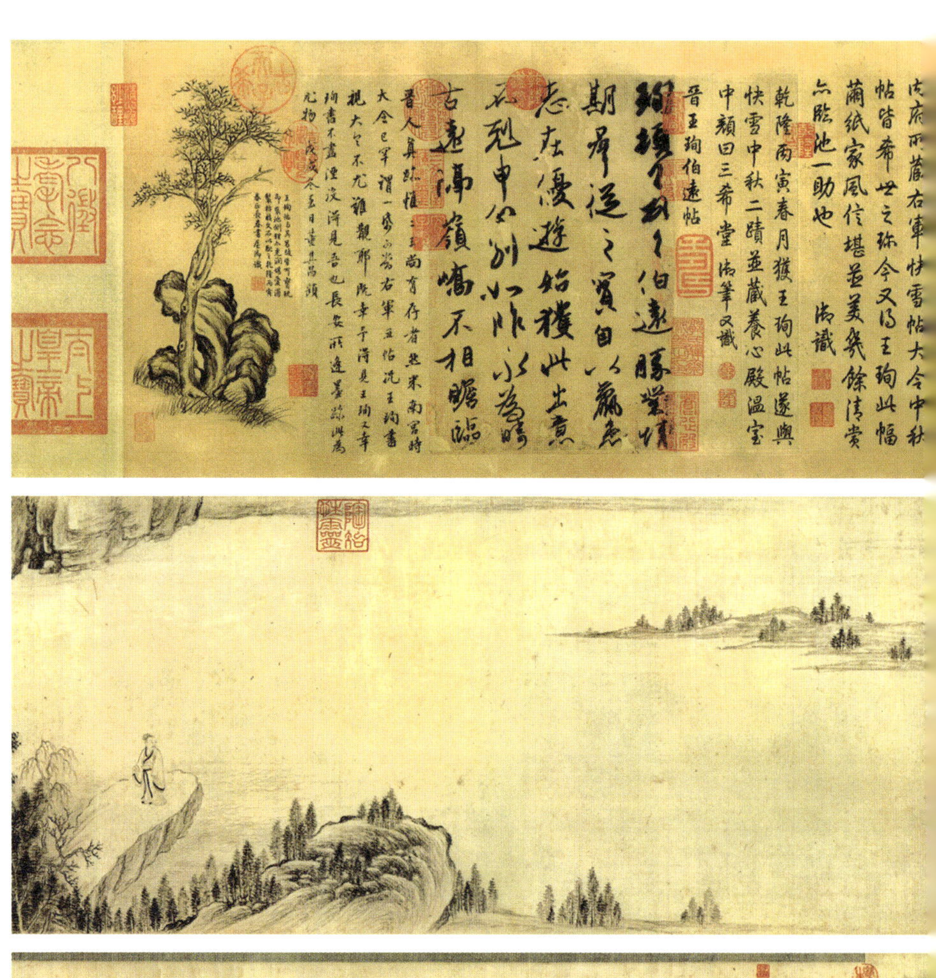

▲晋　王珣　《伯远帖》

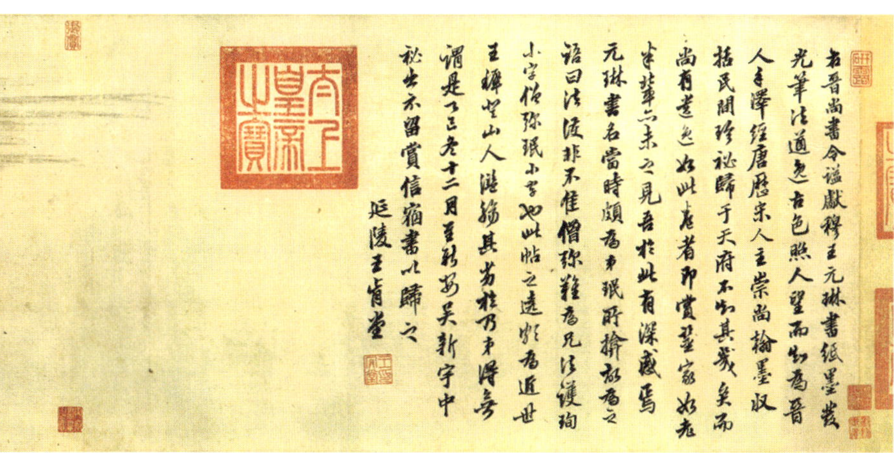

《伯远帖》是王珣给亲友伯远书写的一封信札，行笔自然流畅，俊丽秀雅，为行书早期典范之作。

相传乾隆皇帝酷爱书法，他每到一地或看到心爱的古籍书画，都喜欢留下墨宝，一生共留下真迹上万件，很多到今天仍然能够被我们看到。乾隆皇帝不但爱写，还喜欢收藏，他在三希堂中总共收藏了晋以后历代名家134人的340种作品，其中尤以王羲之的《快雪时晴帖》、王献之的《中秋帖》和王珣的《伯远帖》最为珍贵。

乾隆皇帝在世时，曾命书法家和匠人将三希堂书法真迹铭刻在石碑上，石碑立于大内，这便是著名的《三希堂法帖》。乾隆死后，三希堂的珍贵书法被收入皇帝内库，此后的清朝历代皇帝不时拿出欣赏，直到清朝灭亡之后，三希堂文物在战火中流落，很多散佚民间。

在三希堂散佚文物中，最让国人牵挂的还是著名的“三希宝帖”。不过令人欣慰的是，这三件文物虽然几经辗转，至今却仍然在国人手中，其中《伯远帖》《中秋帖》被北京故宫博物院收藏，而《快雪时晴帖》则珍藏于台北故宫博物院。

国宝价值

《快雪时晴帖》是王羲之所作的一封书札，内容是写作者在大雪初晴时的愉快心情及对亲朋的问候，全书共4行28个字，从书法的角度讲可谓字字珠玑。

从文字的结构上看，帖中的每个字笔画都略有倾斜，但倾斜的角度大致相同，这就给人一种自然流畅的感觉。帖中字迹以圆笔藏锋为主，不露锋芒的文字给人一种气定神闲的感觉，字的间架结构安排匀整，更凸显创作者内心的安稳。看这张书帖时，仿佛我们也和王羲之一样置身于大雪刚过的温室。

《中秋帖》又名《十二月帖》，是王献之创作的行草书。王献之以草书著称，从《中秋帖》行文中我们可以欣赏到，王献之的草书潇洒飘逸、线条连贯，所有字一气呵成，仿佛一条神龙跃然纸上。宋朝书法家米芾酷爱《中秋帖》，评价说："大令《十二月帖》，运笔如火箸画灰，连属无端末，如不经意，所谓一笔书，天下子敬第一帖也。"《中秋帖》真称得上是草书神作。

《伯远帖》是王珣写给亲友的一封书函，全文用行书写成，表达了王珣怀念与堂弟的年少友谊，且寄情山水，志在优游。

欣赏《伯远帖》，我们能看到王珣整篇用笔连贯，起笔、提笔、收笔都堪称完美。他的字饱满又不失飘逸，转折刚劲，停顿自然。此帖风神俊朗，潇洒流利，在中国书法史上具有崇高的地位。

大字石刻的鼻祖
《经石峪摩崖刻经》

国宝档案

国宝年代：南北朝时期

规格：以隶书为主，间有篆、楷、行草。前后长 56 米，左右宽 36 米

收藏场所：山东泰山

揭开面纱

石头作为人类能够保存较长久的天然材料，在世界各国的文化史上都享有较高的地位。西方人喜欢用石头雕刻出精美的雕像，而东方人则喜欢在石头上写下不朽的篇章。石碑、石牌、石匾，这些都是古人传之后世的创造，而在石刻当中最让人震撼的，恐怕还是摩崖石刻。

所谓摩崖石刻，就是在天然的岩壁上凿刻出文字、壁画或者造像，如诗词、佛像、佛经都可以成为摩崖石刻的内容。而山东泰山作为中国文化兴盛之地，也有着无数的摩崖石刻，其中最引人关注的就是中国最早的石刻佛经——《经石峪摩崖刻经》。这片石刻大致创于南北朝时期，在此后的1000多年里，它迎来了无数帝王将相、文人墨客、高僧大德的瞻仰，其拓本更是被广泛传播，甚至流传到海外。人们在欣赏《经石峪摩崖刻经》的时候，不但能够从中追思佛教在中土兴起的历史，还能够领略1000多年前的汉字书法及篆刻之美。

那么，《经石峪摩崖刻经》为什么有如此大的价值呢？就让我们一起来揭开它的神秘面纱吧！

▲《泰山经石峪金刚经》（局部）

《泰山经石峪金刚经》2000多个（现仅存1000余字）字径50～60厘米的大字，镌刻于泰山斗母宫西北约400米处。

石刻中的大字鼻祖、榜书之宗

《经石峪摩崖刻经》又称《泰山经石峪金刚经》，位于泰山南麓斗母宫旁，虽然也是刻石作品，但并非刻在悬崖峭壁，而是在河床之上。刻经前后总长56米，左右宽

佛說金剛經

如是我聞一時佛在舍衛國祇樹給孤獨園與

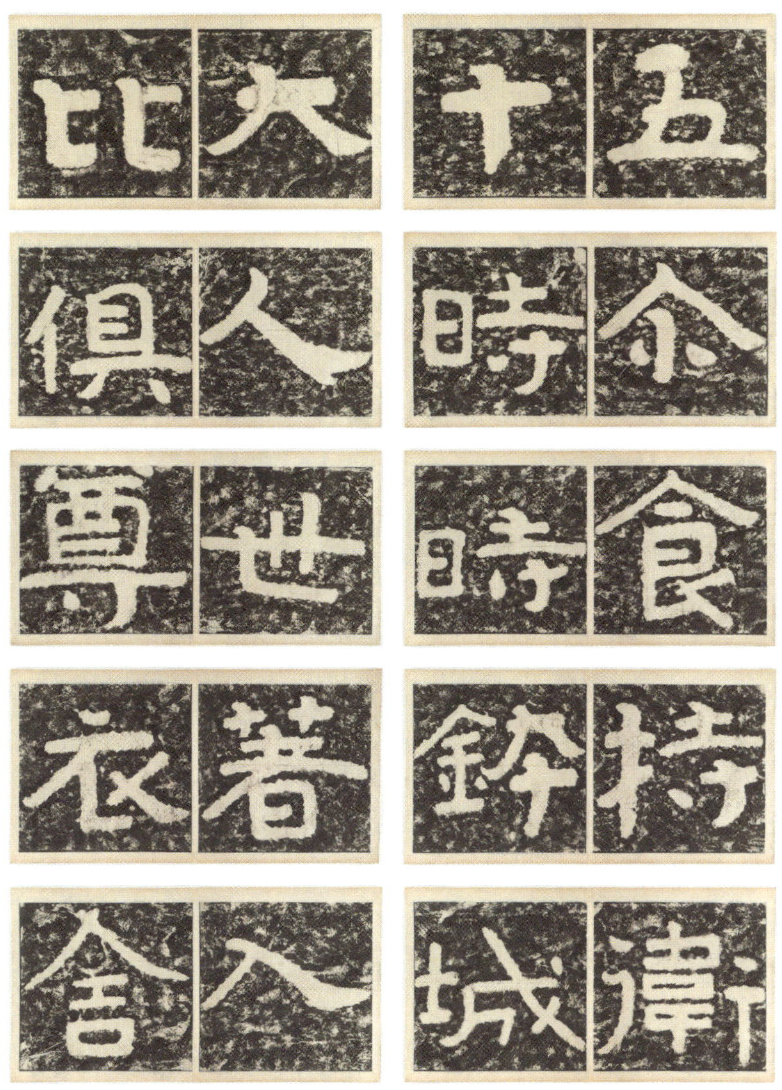

▲《泰山经石峪金刚经》（民国拓本）（局部）

此经体势开张宏阔，大气磅礴，字外有余力，古劲深雄。

▲明　王绂　《画观音书金刚经合璧》（局部）

鉅細同歸大藏經像乃紙上金泥書中書之心畫百年百葉先世手澤 耐庵再稱伯完善士乃其高伯祖甫君也 徵則必修愛而莫毋剝我縣積護被緗函尚冀事附傳燈承作梵山之鎮義緣樹翻勝資他日之談謹跋

正德庚午六月吉日在繡巖草堂再拜書

於布施所謂不住色布施不住聲香味觸法布施須菩提菩薩應如是布施不住於相何以故若菩薩不住相布施其福德不可思量須菩提於意云何東方虛空可思量不不也世尊須菩提南西北方四維上下虛空可思量不不也世尊須菩提菩薩無住相布施福德亦復如是不可思量須菩提菩薩但應如所教住須菩提於意云何可以身相見如來不不也世尊不可以身相得見如來何以故如來所說身相即非身相佛告須菩提凡所有相皆是虛妄若見諸相非相即見如來須菩提白佛言世尊頗有衆生得聞如是言說章句生實信不佛告須菩提莫作是說如來滅後後五百歲有持戒修福者於此章句能生信心以此為實當知是人不於一佛二佛三四五佛而種善根已於無量千萬佛所種諸善根聞是章句乃至一念生淨信者須菩提如來悉知悉見是諸衆生得如是無量福德何以故是諸衆生無復我相人相衆生相壽者相無法相亦無非法相何以故是諸衆生若心取相以故如來說具足色身即非具足色身

画卷右侧绘观音画像，观音打坐念经，一旁的童子双手合十，长卷左侧以行楷书写《金刚经》全篇，字体工整温润，雅致平和。

36 米，平铺在河床上，总面积超过 2000 平方米，可以说是泰山刊刻文字最多的作品之一。

《经石峪摩崖刻经》上面没有具体的凿刻年代和刻石信息，因此后人只是通过史料推测，认为刻经大致成于南北朝的北朝齐时期，也就是 560 年左右，距今已经有 1400 多年了。

南北朝正是中国佛教兴盛的时期，唐代诗人杜牧说“南朝四百八十寺”，南北朝时期南方广建佛寺，北方则大量翻译佛经，而《经石峪摩崖刻经》的内容就是十六国时期一位高僧鸠摩罗什翻译的《金刚经》。

《金刚经》全称《金刚般若波罗蜜经》，是中国流传最广的一部佛经，相传有七种译本传世，其中影响最大的就是鸠摩罗什的译本，而泰山刻经中凿刻的就是这个版本。这个版本的最初原本早已散佚在历史长河中，后来考古学家在敦煌发现了雕版印刷的《金刚经》，被认为是迄今为止保留的《金刚经》最早的印刷版本，而泰山刻经比敦煌《金刚经》还早了 300 多年，其珍贵程度就不言而喻了。

除了历史文化价值，泰山《经石峪摩崖刻经》也具有很高的艺术价值。刻经以隶书写成，又具有一些篆字的特点，绝大多数字的直径在 50 ~ 60 厘米，字大却不粗犷，字里行间给人一种厚重的感觉，可以说是中国佛经刻石绝无仅有的精妙之作。

国宝价值

《经石峪摩崖刻经》是南北朝碑刻书法的典范，文字既有隶书的骨架，又有楷书的样式和篆书的神韵，堪称中国摩崖石刻的艺术源头。

从文字上看，石刻字体古朴厚重，给人一种稳重的感觉，文字结构舒放自如，又给人一种流动的感觉，仿佛云中飞鹤、海上白鸥。整篇书法富有变化，有的字如疾驰的骏马，有的字又像宁静的湖水，这种变化最终形成了书法错落有致的别样美。

▲明　王绂　《画观音书金刚经合璧》（局部）

唐玄宗御笔崖壁刻石

《纪泰山铭》刻石

国宝档案

国宝年代：唐代

规格：隶书石刻，高 13.2 米，宽 5.3 米，现存 1008 字

收藏场所：山东泰山古迹，台北故宫博物院收藏拓本

揭开面纱

2019 年，日本东京国立博物馆展出了来自中国的《纪泰山铭》拓片。这次展出吸引了大批日本名流，很多人看到拓片后纷纷感慨“碑刻雄浑壮阔，只觉人之渺小……”。那么，这个让人渺小的拓本到底有多珍贵呢？

《纪泰山铭》原本是在泰山玉皇顶上的刻石，是唐代中期唐玄宗下令雕刻的，正文为唐玄宗以隶书写成，是唐玄宗封禅泰山歌功颂德的纪事碑。《纪泰山铭》碑文刻在泰山绝壁之上，整块碑高 13.2 米，人在其脚下只能仰望，而日本为展出拓本更是准备了一间巨大的敞厅，走进大厅远远便能看到雄浑的汉字。即便是拓片，但观此雄浑厚重的汉字，观众不仅从中领略了中国书法之美，更感受到了大唐帝王在开元盛世时的雄心壮志，让人不禁想起那个曾经雄霸东亚、影响世界的超大帝国，也难怪参观的人会觉得自己渺小。

一个拓本已经让人如此震撼，可想而知它的真迹气势更加雄伟。《纪泰山铭》刻石现在仍然矗立在泰山之顶，那么它究竟是怎么来的，又有着怎样的规模和特色呢？

唐玄宗御笔崖壁刻石

开元十三年（725 年），大唐王朝正处于鼎盛时期，唐玄宗李隆基为了宣扬国力，在宰相张说的倡议下，组织了浩浩荡荡的队伍来到泰山，举行封禅大典。关于这次大典，还有一段颇为传

▲唐玄宗画像

唐玄宗于 712—756 年在位，执政初期唐朝达到鼎盛时期，史称“开元之治”。

文武之
曾孫隆

亦與百
執事嘗

我朕維
實行三

或禪云
云興遠

僊書齷
齪佚后

來僊誣
神檄玉

編錄德
未合天

或承之
尋道左

銘心絕
巖播吉

▼唐　李隆基　《纪泰山铭》拓本（局部）

李隆基作品端庄厚重，书风宏伟肥润。

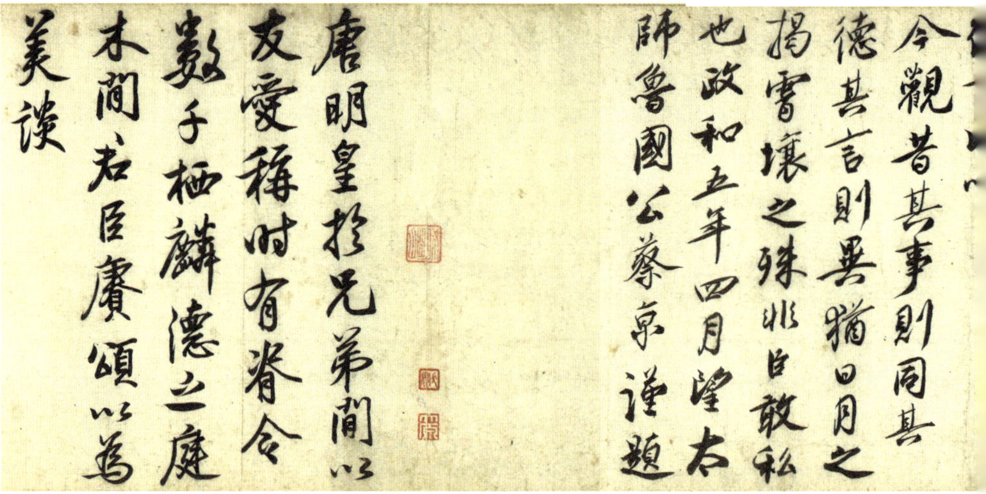
今觀昔甚事則同其
德甚言則異猶日月之
揭雲壤之殊非臣敢私
也政和五年四月望太
師魯國公蔡京謹題
唐明皇於兄弟間以
友愛稱時有脊令
數千栖麟德之庭
木間右臣賡頌以為
美談

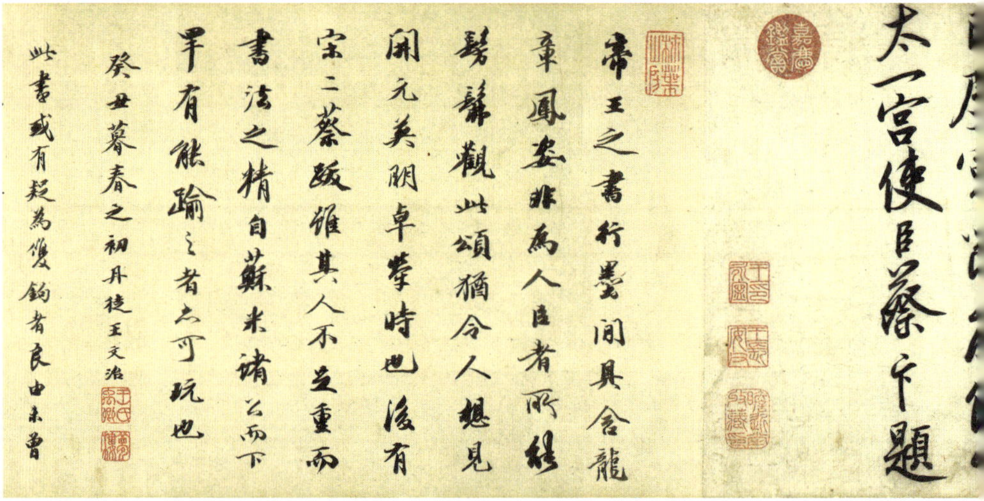
太一宮使臣蔡卞題
帝王之書行墨間具含龍
章鳳姿非為人臣者所能
髣髴觀此頌猶令人想見
開元英明卓犖時也後有
宋二蔡跋雖其人不足重而
書法之精自蘇米諸公而下
罕有能踰之者亦可玩也
癸丑暮春之初丹徒王文治
此書或有疑為雙鈎者良由未曾

▲唐　李隆基　《鹡鸰颂》（局部）

《鹡鸰颂》是李隆基书法墨迹传世的孤本，书法遒劲挺拔，丰润浑茂，世称“人间瑰宝”。

奇的故事。

在去往泰山的路上，有一天经过汶河，天上有乌云变祥云的天象，大臣们便趁机向唐玄宗道祥瑞。而封禅的时候，唐玄宗一行在山脚下时，狂风骤起，天空昏暗，等到了山顶上，天空却变得无比晴朗，于是群臣又向唐玄宗道祥瑞。

几次三番之后，本就兴致勃勃的唐玄宗更加志得意满，于是下令在泰山凿出巨大的摩崖石碑，以彰显自己的功绩。如此，便有了令天下人瞩目的《纪泰山铭》石刻。

《纪泰山铭》石刻亦称《东岳封禅碑》《泰山唐摩崖》，全文用隶书写成，共 1000 余字，每字长约 16 厘米，宽约 25 厘米，相传是唐玄宗李隆基亲笔所书。

《纪泰山铭》碑文记载了唐玄宗封禅的起因和规模，描写了封禅典礼的过程，还赞颂和夸耀了“五圣”（唐高祖、唐太宗、唐高宗、唐中宗、唐睿宗）的功绩，而且文中不但向上天祈福，更提出要赐福百姓，还谆谆告诫后继者要“道在观政，名非从欲”，这充分反映了开元时期唐玄宗的开明和雄心壮志。

国宝价值

《纪泰山铭》在中国古代书法发展历史上享有举足轻重的地位，它的主要意义在于承前启后，将特殊的秦汉隶书书体继承了下来。

略显笨拙厚重的古风是汉魏隶书的传统，唐玄宗的隶书在传统的基础上，又增加了楷书的特点。因此，字体显得整洁柔美，颇有章法；笔画严整连贯，同时横平竖直，特别是在收笔的时候注意保留笔锋，相对于无锋的隶书更显得从容。因此，《纪泰山铭》可以说是集合了楷书和隶书的优点，是完整诠释了中国书法发展的上乘精品。

▶清　顾见龙　《贵妃出浴图》

此图绘唐玄宗宠妃杨玉环沐浴后的姿态，身上衣衫色泽艳丽，周围装饰雍容华贵。

万般悲愤下的泣血之作

《祭侄文稿》

国宝年代：唐代

规格：行书，纸本，234 字，宽 29.2 厘米，长 59.6 厘米

收藏场所：台北故宫博物院

揭开面纱

2019 年，台北故宫博物院曾对日本出借唐代颜真卿的《祭侄文稿》珍本，在海内外掀起轩然大波。中国国宝能否外借，一时成为海峡两岸各界人士讨论的焦点。不过好在外借的国宝得到妥善保护，展出后又回归台北故宫博物院，这一波大众对于中国国宝安全的担忧才宣告结束。

《祭侄文稿》外借日本东京国立博物馆展出时，大量日本名流政要纷纷前往参观，包括日本天皇、首相等都被这来自 1200 多年前的汉字书法所吸引。据媒体报道，明仁天皇在文物面前驻足良久，一边欣赏一边感叹“真是珍贵的宝物”。

《祭侄文稿》在中国书法史上被公认为“天下第二行书”，仅位于《兰亭集序》之后。那么这件文物到底有何神奇之处呢？下面就让我们一探究竟。

万般悲愤下的泣血之作

755 年，安史之乱爆发，仅仅一年之内，洛阳、长安相继失守，大唐帝国陷入一片混乱。此时，驻守在河北常山（今河北正定）的颜杲卿与其子颜季明依然效忠唐朝朝廷，因此成为反叛首领安禄山攻击的目标。756 年，安禄山叛军攻破常山，屠杀颜杲卿父子，在外出征的颜杲卿堂弟颜真卿听到消息后悲痛欲绝。

两年之后，颜真卿派人返回常山等地寻找兄长和侄子的尸骨，朝廷以忠贞死节的名义，加封颜杲卿父子。颜真卿在祭祀侄

▲ 颜真卿像

颜真卿书法精妙，擅长行、楷。初学褚遂良，后师从张旭，得其笔法。其正楷端庄雄伟，行书气势遒劲，创“颜体”楷书，对后世影响很大。

▲唐　颜真卿　《祭侄文稿》（局部）

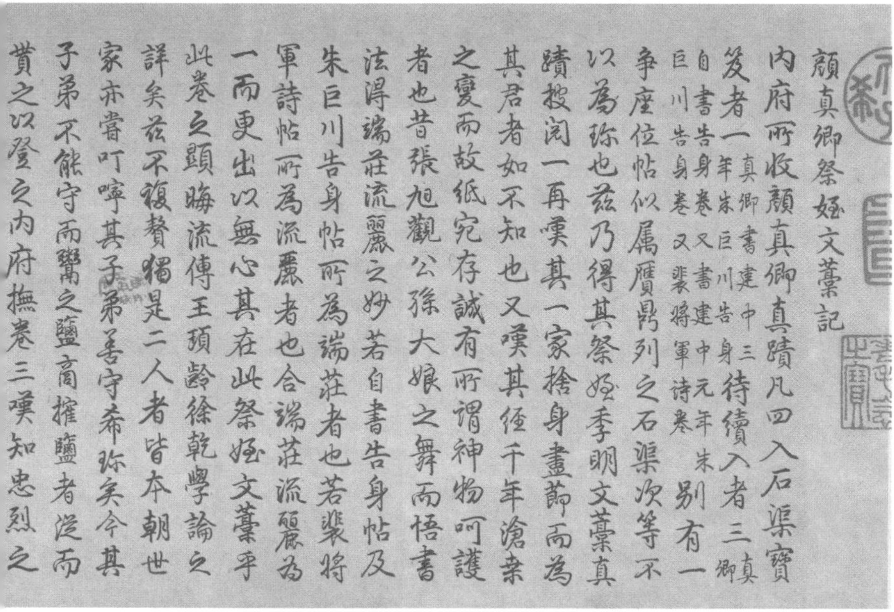

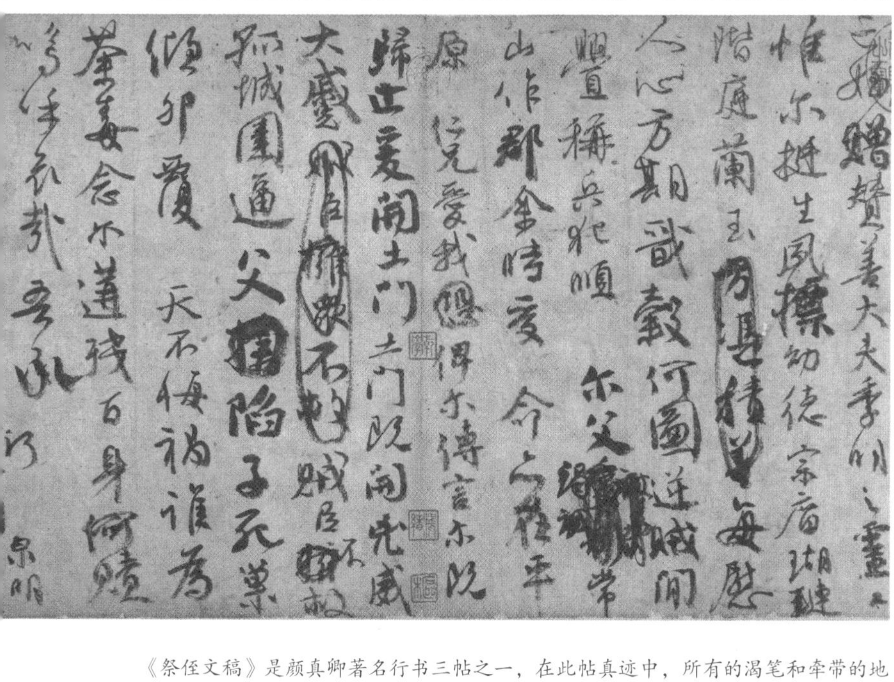

《祭侄文稿》是颜真卿著名行书三帖之一，在此帖真迹中，所有的渴笔和牵带的地方都历历可见，原迹现藏于台北故宫博物院。

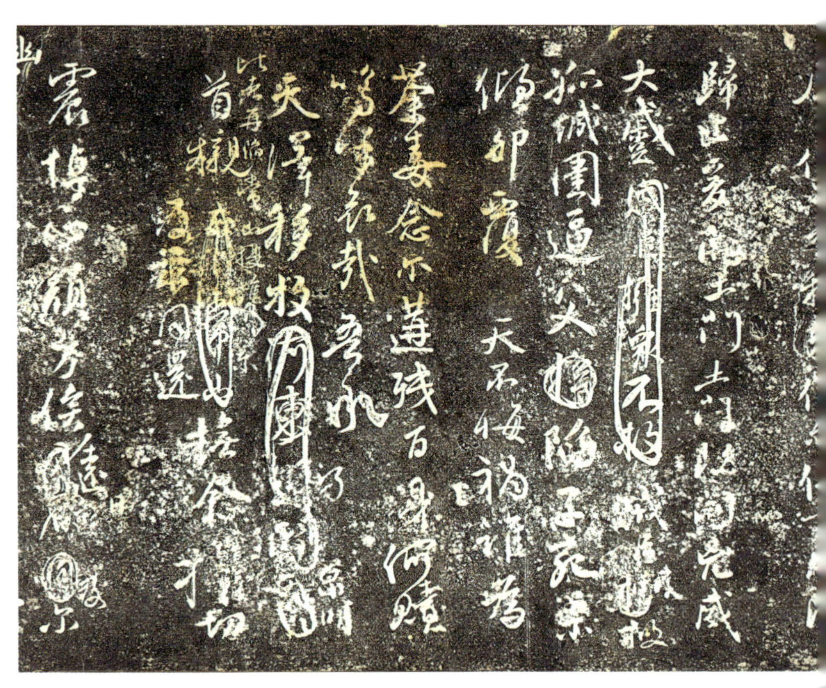

▲唐　颜真卿　《祭侄文稿》拓本

維乾元元年歲次戊戌九月庚
午朔三日壬申第十三叔銀青光祿
夫使持節蒲州諸軍事蒲州
刺史上輕車都尉丹楊縣開國
侯真卿以清酌庶羞祭于
亡姪贈贊善大夫季明之靈
曰惟爾挺生夙標幼德
階庭蘭玉方凴積慶
人心方期戩穀何圖逆賊開
稱兵犯順爾父竭誠

常山作郡余時受命
[illegible]

此所謂再見江本也念庭跋刻後於停雲之刻九年矣亦足備攷　癸丑二月北平翁方綱

[illegible]

米元章以顏太師爭坐位帖為顏書第一謂其字相連屬

子的时候，写下了这篇《祭侄文稿》。

《祭侄文稿》亦称《祭侄季明文稿》，全称为《祭侄赠赞善大夫季明文》，全稿共 23 行，234 个字，追述了颜杲卿、颜季明父子二人不畏叛军、舍身成仁的故事。虽然颜真卿在写这篇文稿的时候距事发已有两年之久，但当看到侄子的尸骨摆在面前，想到兄长和侄子慷慨赴死、惨遭毒手，颜真卿依然悲愤交加。他的这种悲痛全然融入文稿中，使得字里行间既跌宕起伏又一气呵成，既不工笔墨又自然洒脱，让人一看便能体会颜真卿当时无比激愤的情绪。

颜氏家族兴起于南北朝，曾写下《颜氏家训》的颜之推为颜真卿远祖，这样的家风使得颜氏家族多出豪杰。颜真卿少年好学，有报国之志，因科考出色而被选官，但又因不愿附会奸相杨国忠而被排挤，最终他却在安史之乱中报国成名。

除了在历史上以忠臣闻名，颜真卿的书法也名垂青史。唐代盛行书法，颜真卿

◀唐　颜真卿　《颜勤礼碑》（局部）

《颜勤礼碑》追述颜氏祖辈功德，叙述后世子孙的业绩，端庄大方，拙中见巧，代表盛唐审美风尚。

在已经通过吏部选官考核的情况下，还特意拜名师精研书法，最终成为一代书法名家，在唐代与柳公权并称，留下了“颜筋柳骨”的历史美名。颜真卿运笔深沉，笔锋雄伟，字里行间体现了书法的力量美。他的作品平稳端正、质朴厚重，被称为“颜体”，而颜真卿其人也正和他的文字一样，成为千古忠臣效仿的楷模。

国宝价值

因为祭文的特殊性，颜真卿只用了很短的时间就写成了《祭侄文稿》。全稿一气呵成，没有刻意追求书法的严整，反而让人觉得率真、天然，饱含真情。欣赏《祭侄文稿》，我们能够感觉到颜真卿当时的悲痛和愤怒，以至于笔迹中出现了涂抹的痕迹，可见是平日书法功力的自然流露，这在书法史上是不多见的。

对于《祭侄文稿》，历代评价都非常高。宋代陈深称：“《祭侄季明文稿》，纵笔浩放，一泻千里，时出遒劲，杂以流丽。”元代鲜于枢说：“《祭侄季明文稿》，天下行书第二。”而这张书帖最值得欣赏的还有两处，一是在字的点画密聚之处，二是在其笔墨浓枯连写数字之处。这两处交相映衬，造成虚实、轻重、黑白之间的节奏变化，再加上文稿特有的“不拘小节”以及结体的松散，共同构成了颜体的稿书风格。

难得一见的珍贵手稿

《资治通鉴》残稿

国宝档案

国宝年代：宋代

规格：纸本，29 行，460 余字，纵 33.8 厘米，横 130 厘米

收藏场所：中国国家图书馆

揭开面纱

《资治通鉴》，这一由司马光主持编纂的编年体史书，可以说是中国历史上影响最深远的史书之一，后世历史学者多从中汲取资料和经验。

《资治通鉴》成书之后，在两宋时期曾广泛刊印，因此虽然全书浩繁达 294 卷，约 300 多万字，内容却依然完整地保留到了今天。不过，今天存世最早的《资治通鉴》刊本是南宋版本，而能够完整保存的刊本要追溯到元代。也就是说，随着时间的推移，《资治通鉴》原稿、初刊以及两宋各版本不可避免地散佚了。

然而也许是文脉不绝，让人惊喜的是，今天的中国国家图书馆里还保存着一卷司马光编纂《资治通鉴》时的原始手稿。这卷来自1000多年前的手稿上，清晰地记录着司马光亲手写下的几百字，虽然只有一卷，但也弥足珍贵。

《资治通鉴》手稿的留存，带给我们的不仅仅是史料的意义，更是中国文脉千年传承的象征。而中国国家图书馆研究员通过现代技术将这份稀世手稿进行了解读，为我们带来了更多有价值的信息。那么，司马光的《资治通鉴》手稿背后究竟有着怎样的故事？

▲宋　司马光

司马光是北宋政治家、史学家、文学家。为人温良谦恭、刚正不阿，刻苦勤奋。以“日力不足，继之以夜”自诩，堪称儒学教化下的典范。

留存千年的手稿原稿

1084年，历经19年的时间，司马光终于完成了宏伟的史学巨著《资治通鉴》。据记载，在这19年里，司马光手写的稿件就足足堆了两间大屋，因此连他自己都感慨说：“遍阅旧史，旁及小说，简牍盈积，

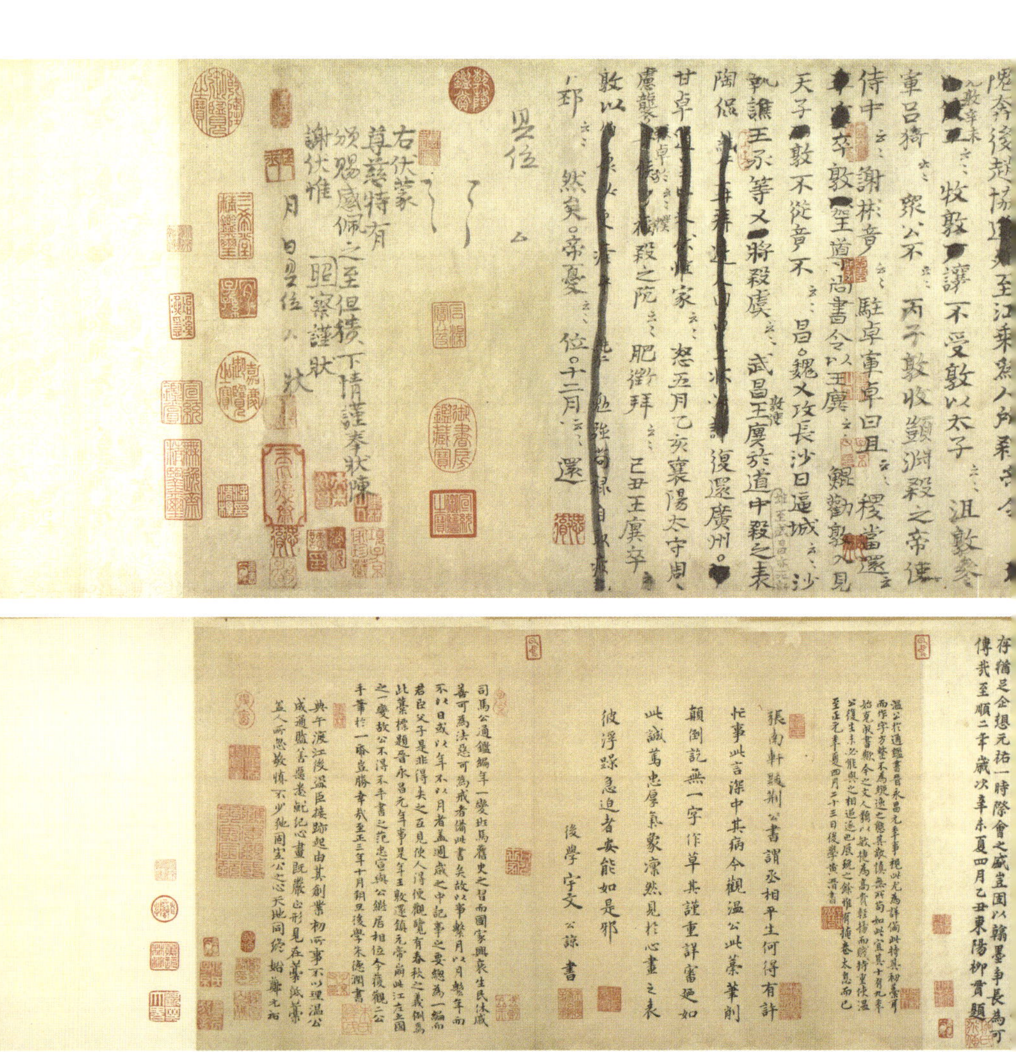

▲宋　《资治通鉴》残稿（长卷）

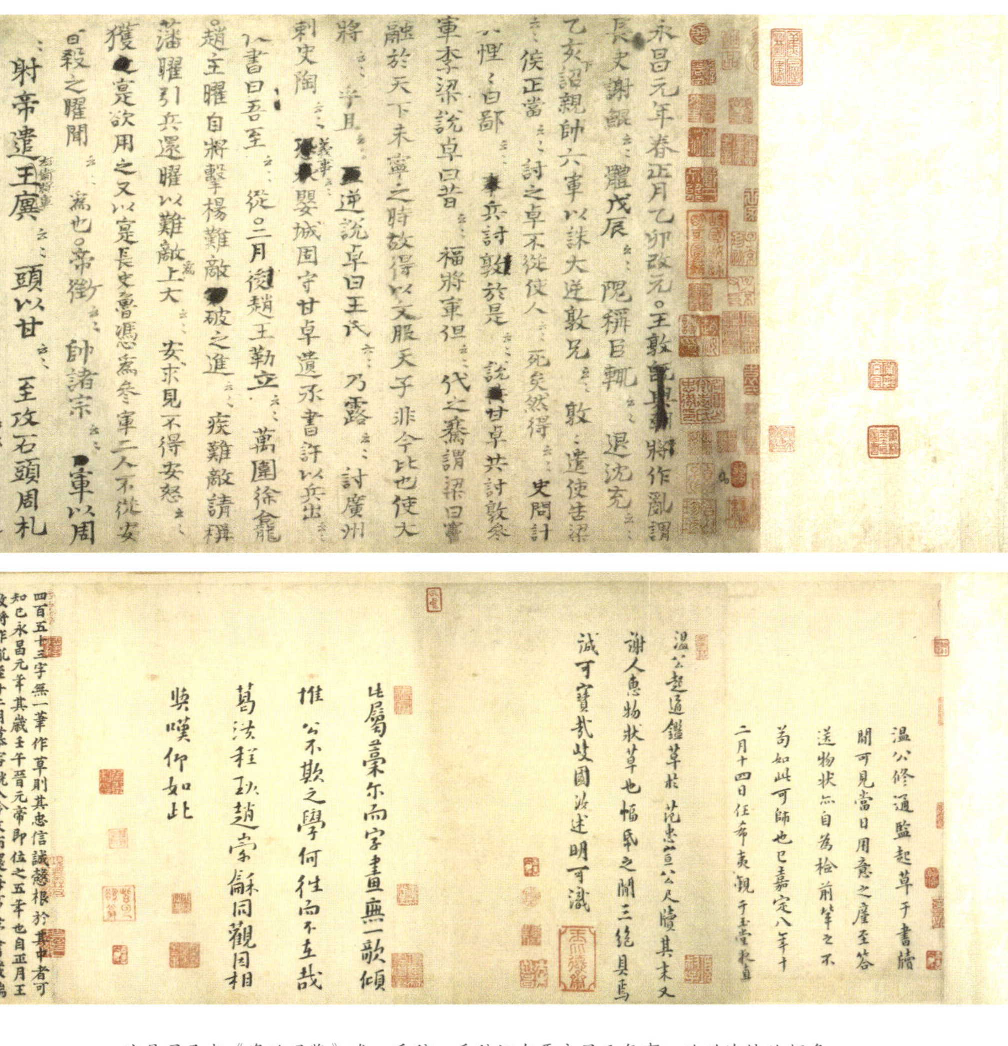

这是司马光《资治通鉴》唯一手稿，手稿记东晋永昌元年事，改动涂抹处颇多。

浩如烟海。”

作为中国第一部编年体通史，《资治通鉴》在中国史学界占有极其重要的地位。它不仅为后人提供了翔实可靠的历史资料，还为中国古典文献学研究提供了大量的材料，可以说是一座巨大的宝库。

用纸张写就的手稿本就难以保存，能够保留千年更是难能可贵，而机缘巧合之下，《资治通鉴》还真的有这样一卷手稿留存了下来。从这仅存的手稿中我们能够看出，司马光所写下的这部书不仅内容严谨，而且每一个字都写得极为认真，可谓呕心沥血之作。

在这卷残存的手稿上，我们可以看到司马光原始的笔记，还有历代收藏者的印章，从印章能够看出它在宋、元、明、清各代都曾被人收藏。在清朝时，它还曾收藏于清廷内库，乾隆、嘉庆、宣统几位皇帝都曾将自己的印章盖于其上。

值得一提的是，研究者通过对手稿的解读，认为这卷手稿实际上是当初的一张废稿，而且从痕迹上看，这卷手稿原本写在一张范纯仁写给司马光的信的背后。虽然是废稿，但司马光的字迹依然干净端正。

其中，手稿背面 4 字依稀可辨，范纯仁对司马光写道：“纯仁再拜……纯仁勉强苟禄，自取疲耗。”而司马光在空白处则写了“谢人惠物状”5 个字，这几个字应该是宋代文人受礼后回复答谢的一种文字。

相比于刊稿，手稿的价值就在于它是原始文献。而《资治通鉴》的手稿同时保留了司马光起草、修改的《资治通鉴》原稿、宋代两位名臣的亲笔信件，因此有极高价值。首先，此书稿有极高的文献价值；其次，这份稿本为著名文人司马光亲笔书写，有相当重要的文物价值；最后，此书稿为书法作品，在手稿的改动中，还可以看出作者思想的轨迹及艺术经营的匠心，有极大的艺术价值。

国宝价值

中国国家图书馆收藏的《资治通鉴》残稿为长卷形状，共计29行，460余字，上面记载了司马光整理的东晋元帝永昌元年的历史。

通过欣赏残稿，我们发现司马光不仅是一名史学家、文学家，在书法上也很有造诣。司马光的书法以正书和隶书为主要字体，正书的特点是用笔提按分明，结体规整，在横画的入笔出锋处时常带有隶意；而隶书的特点是用笔方折斩截，笔力刚劲，笔画沉涩，字体虽小但意气雄厚，有一种巍然的雄风。

“中华十大传世名帖”之一

《前后赤壁赋》

国宝档案

国宝年代：元代

规格：行书，纸本，935 字

收藏场所：台北故宫博物院

揭开面纱

“乱石穿空，惊涛拍岸，卷起千堆雪。江山如画，一时多少豪杰。”在凭吊赤壁古战场时，大文豪苏东坡写下了这样的千古名句。而比这首《念奴娇·赤壁怀古》更加有名的，莫过于苏东坡在随后写下的前后《赤壁赋》了。

苏东坡的《赤壁赋》文辞优美、意境深远，古往今来很多书法家都有感于文章的优美，撰写书法长卷以为纪念。而在历朝历代的《赤壁赋》书法作品中，最引人关注的莫过于元代书法家赵孟頫的《前后赤壁赋》。

《前后赤壁赋》用行书写成，是赵孟頫作品中的精品，因其无与伦比的艺术价值，被评为"中华十大传世名帖"之一。如今该帖珍藏在台北故宫博物院中，而其长卷更是成为很多醉心于书法的人临帖、学习、描摹的模范。那么，赵孟頫的《前后赤壁赋》到底有着怎样独特的艺术价值呢？

"中华十大传世名帖"之一

赵孟頫，字子昂，号松雪道人。他是宋朝皇室后裔，宋亡后元世祖忽必烈派人在南方访寻"遗逸"，赵孟頫因此入朝为官，官至翰林学士。

赵孟頫博学多才，尤其以书法和绘画成就最高。在绘画上，他开创了元代文人新画风；在书法上，赵孟頫各种字体无一不通，又以楷书、行书闻名于天下，不但引领了元代的书法发展，更影响了明清各书法名家，其字体至今仍然为很多书法爱好者所模仿。

▲元　赵孟頫　《赤壁赋》（局部）

▲元 赵孟頫 《赤壁赋》

赵孟頫所书《前后赤壁赋》为行书长卷，用笔娴熟、精湛。

赤壁賦

壬戌之秋七月既望蘇子與客泛
舟遊于赤壁之下清風徐來水
波不興舉酒屬客誦明月之詩
歌窈窕之章少焉月出于東山
之上徘徊於斗牛之間白露橫江
水光接天縱一葦之所如淩萬
頃之茫然浩浩乎如馮虛御風而

在哉況吾與子漁樵於江渚之
上侶魚蝦而友麋鹿駕一葉之
扁舟舉匏尊以相屬寄蜉蝣
於天地渺滄海之一粟哀吾生
之須臾羨長江之無窮挾飛
仙以遨遊抱明月而長終知不
可乎驟得託遺響於悲風蘇
子曰客亦知夫水與月乎逝者
如斯而未嘗往也盈虛者如代
而卒莫消長也蓋將自其變者
而觀之則天地曾不能以一瞬
自其不變者而觀之則物與我
皆無盡也而又何羨乎且夫天
地之間物各有主苟非吾之所
有雖一豪而莫取惟江上之清
風與山間之明月耳得之而

虯龍攀栖鶻之危巢俯馮夷
之幽宮蓋二客不能從焉劃然
長嘯草木震動山鳴谷應風
起水涌余亦悄然而悲肅然而

恐凜乎其不可留也返而登舟
放乎中流聽其所止而休焉時
夜將半四顧寂寥適有孤鶴
橫江東來翅如車輪玄裳縞

衣戛然長鳴掠余舟而西也須臾
客去余亦就睡夢二道士羽衣
蹁躚過臨皋之下揖余而言曰
赤壁之遊樂乎問其姓名俛而

不答嗚呼噫嘻我知之矣疇
昔之夜飛鳴而過我者非子
也耶道士顧笑余亦驚寤開
戶視之不見其處

東坡二賦松雪每喜書之冠出
諸書之右能深得晉人書法晚
年行筆圓熟度越唐人迺知早
年用意之深如此

後學唐椿敬題

▲元　赵孟頫　《后赤壁赋》

後赤壁賦

是歲十月之望，步自雪堂，將歸于臨皋。二客從余過黃泥之坂。霜露既降，木葉盡脫。人影在地，仰見明月，顧而樂之，行歌相答。已而歎曰：「有客無酒，有酒無肴，月白風清，如此良夜何？」客曰：「今者薄暮，舉網得魚，巨口細鱗，狀似松江之鱸。顧安所得酒乎？」歸而謀諸婦。婦曰：「我有斗酒，藏之久矣，以待子不時之須。」於是攜酒與魚，復遊於赤壁之下。江流有聲，斷岸千尺；山高月小，水落石出。曾日月之幾何，而江山不可復識矣。余乃攝衣而上，履巉巖，披蒙茸，踞虎豹，登

大德辛丑正月八日，明遠弟以此卷求書二賦，為書于松雪齋，并作東坡像于卷首。子昂

近世諸賢書畫不能俱傳，李伯時之書畫今稱其畫，王黃華之書畫今稱其書，蓋以所長掩其所短故也。

子昂學士書畫俱到，他日必能俱傳無疑。大德五年八月五日，困學民鮮于樞題子昂畫東坡像及書二赤壁賦後。

▲明　仇英　《赤壁图》

此画描绘苏轼携友泛舟夜游赤壁的情景。整幅画面布局爽朗明媚，用笔工细绵密，敷色淡雅清丽，技法纯熟稳健，颇具文人画的笔致墨韵，为仇英佳作。

元代大德五年（1301 年），赵孟頫应友人明远的请求，用行书书写了苏轼的前后《赤壁赋》，成书之后，便赠给友人作为礼物。此后在元、明、清三朝，此帖辗转被多位藏书家收藏，后被纳入清廷内库。

《前后赤壁赋》又称《赤壁二赋帖》，是《赤壁赋》和《后赤壁赋》的总称，文章是北宋大文豪苏轼两度游览黄州赤壁时所作。赵孟頫《前后赤壁赋》为卷纸长册，全帖一共有 81 行，其中《赤壁赋》46 行，《后赤壁赋》32 行，落款 3 行。

这两篇赋文，表达了作者苏轼爱物爱人的情怀和旷达的胸襟，但又有道家人生无常、世事虚无的意味。而这样的情感，经由赵孟頫婉转流动、飘逸顺畅的书法写出来，更让人觉得畅快优美，《前后赤壁赋》也因此成为中国书法艺术的绝佳代表。

书法赏析

赵孟頫的书法深得王羲之书法神韵，又有自己独特的开创性贡献，因此称得上是一时之大家，对后世影响很大。《前后赤壁赋》是赵孟頫的得意之作，该帖分行布白，疏朗从容，用笔圆润遒劲，神采飘逸。不过，前后二赋虽是同时书写，但风格略有不同。

《赤壁赋》下笔劲道十足，但笔画起伏较大，提笔笔锋直露，很少藏锋，收笔则意到即止，常用回锋或者短小的出锋。《后赤壁赋》则相对圆润，笔道沉实而稍显圆熟，显示出创作时气定神闲的状态。欣赏整篇书法，能看出赵孟頫创作时笔力遒劲，挥洒自如，细瘦处如画沙印泥，沉厚处则如绵中藏针，确实是中国书法的上乘之作。

中国古代最大的百科全书《永乐大典》

国宝年代：明代

规格：11095 册，22877 卷，约 3.7 亿字

收藏场所：中国国家图书馆保存残本 162 册

揭开面纱

2018 年秋天，中国国家图书馆主办过一场名为“旷世宏编，文献大成——国家图书馆藏《永乐大典》文献展”的活动。在活动中，中国国家图书馆展出了与《永乐大典》有关的各类资料，以及部分《永乐大典》古本。

有人会好奇，《永乐大典》不是早就已经消失了吗，为什么还会有古本存在呢？原来在编纂《永乐大典》之后，明廷曾对大典进行过抄录，虽然因为大典图书数量众多，当时仅仅抄录了数份，但正是这几份抄稿最终流传到了清朝。

在清朝时，《永乐大典》又经过修书、删改、“文字狱”和战乱的浩劫，最终大量遗失到了民间。进入新中国之后，政府开始向民间征集《永乐大典》的线索，散佚民间的大典图书几经辗转，最后收藏于中国国家图书馆。

不过，由于《永乐大典》数量实在过于庞大，加上时间太过久远，我们想要获得全册的《永乐大典》已经是不可能的事情了。现在，我们也只能通过弥足珍贵的几册大典“善本”，来凭吊600多年前那个属于大明王朝的辉煌盛世了。

盛世修书，历史上最大的百科全书

▲《永乐大典》封面

“易代修史，盛世修书。”1403年，明成祖朱棣迎来了自己的盛世，他下诏，命解缙等人主持编纂一部大型类书，且要把经、史、子、集各类别，天文、地理、阴阳、医卜、僧道等百家之说的书都收入其中。

接到明成祖的旨意后，大臣们立刻加紧编纂，仅用了一年多的时间就将书编成了，明成祖也当即将书命名为《文献大成》。然而，当明成祖仔细翻阅了这本书后，发现这部类书并不符合他的想法，因

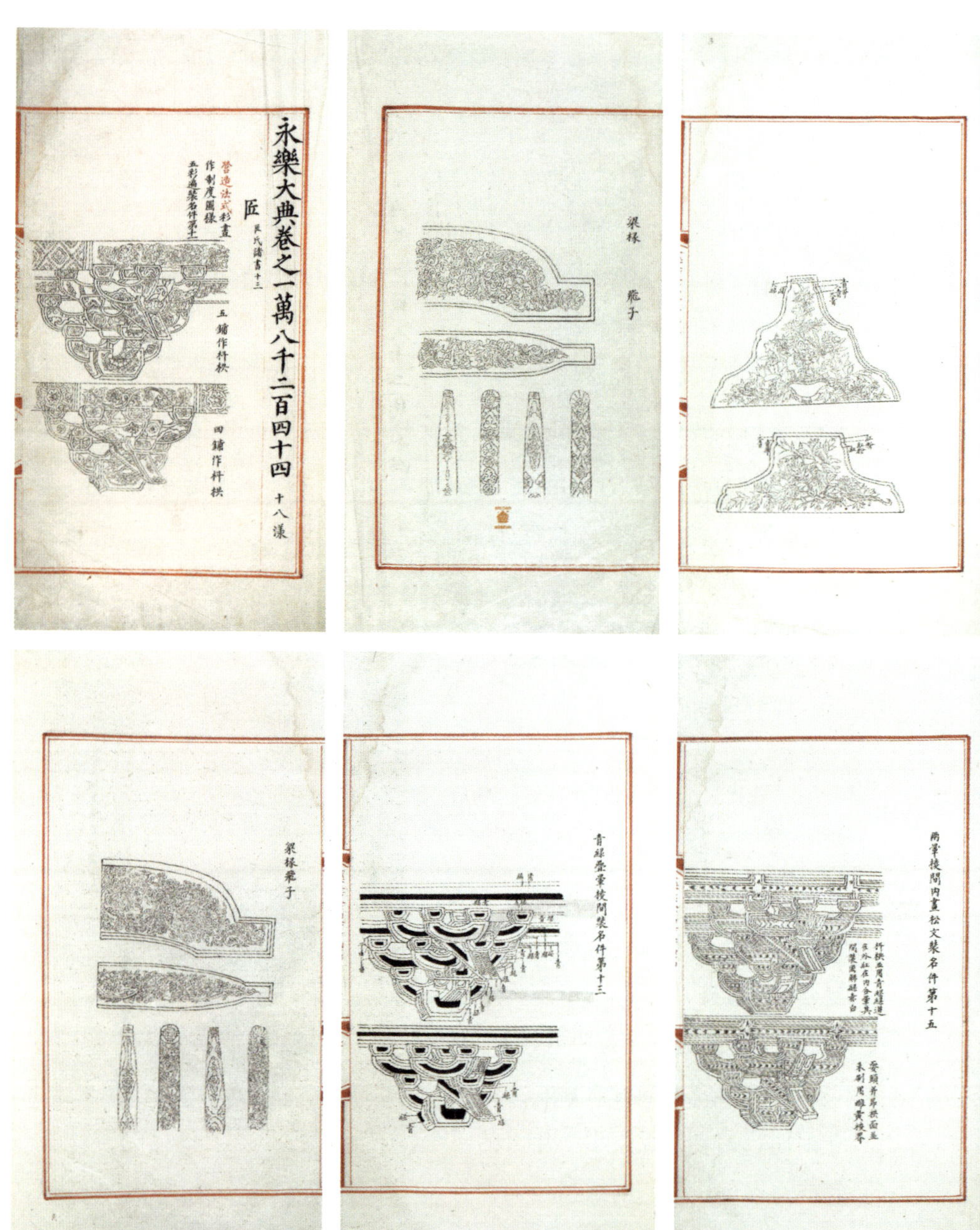
永樂大典卷之一萬八千二百四十四
十八漾
匠
營造法式彩畫
作制度圖樣
五鋪作枓栱
四鋪作枓栱
梁椽
飛子
梁椽飛子
青綠疊暈棱間裝名件第十三
兩暈棱間內畫松文裝名件第十五

▲《永乐大典》 散本插图

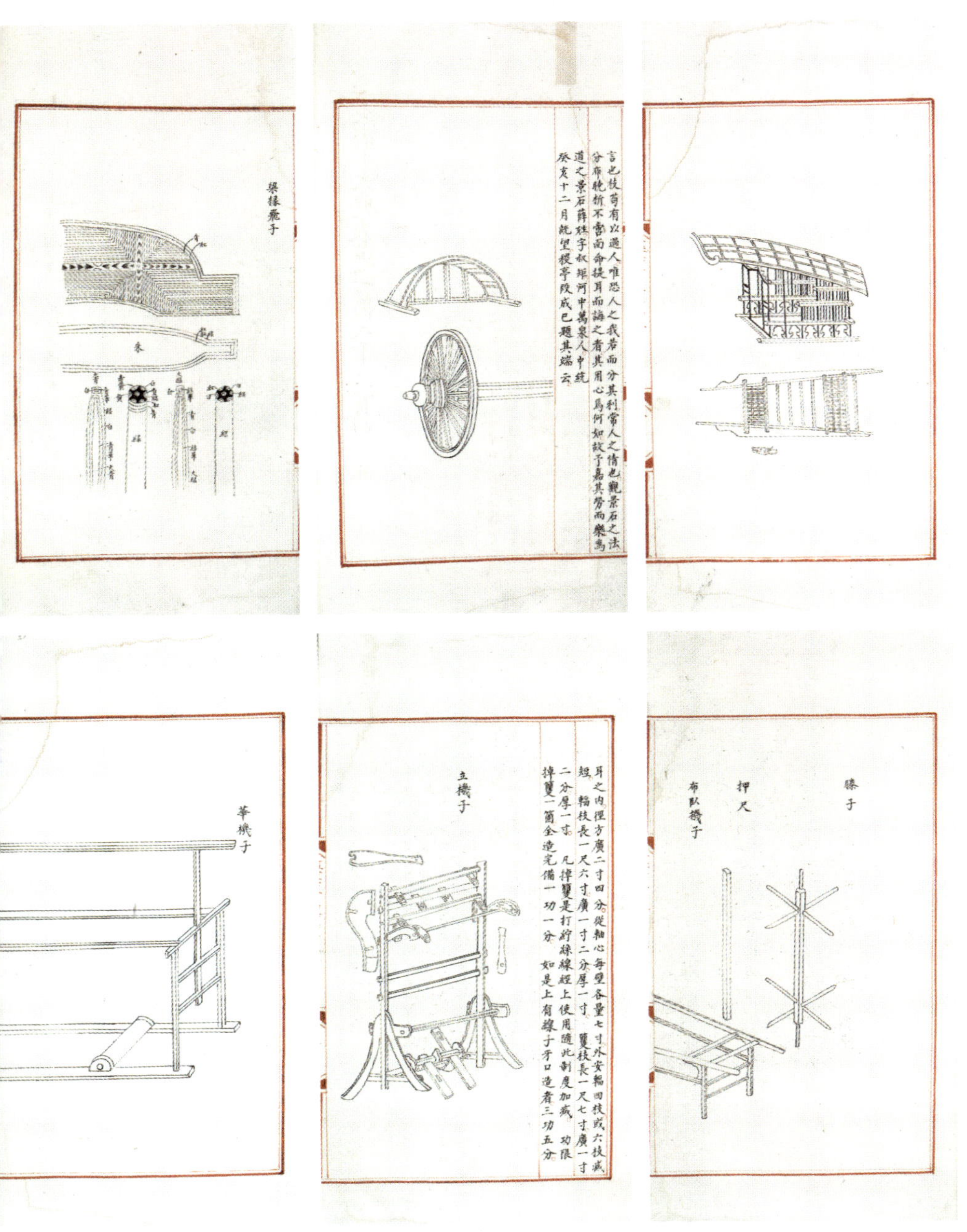

梁緣飛子
言也牧苟有以過人唯恐人之我若而分其利常人之情也觀景石之法
分布艳析不當而命提耳而誨之者其用心焉何如故予嘉其勞而樂焉
道之景石薛姓字叔堅河中萬泉人中統
癸亥十二月既望稷亭段成己題其端云
華機子
立機子
耳之內徑方廣二寸四分從軸心每壁各量七寸外安輻四枝或六枝臧
短　輻枝長一尺六寸廣一寸二分厚一寸　籰枝長一尺七寸廣一寸
二分厚一寸　凡掉籰是打紵絲線經上使用隨此制度加減　功限
掉籰一箇全造完備一功一分　如是上有篠子牙口造者三功五分
榺子
押尺
布臥機子

此为明嘉靖隆庆年间内府重写本，为匠人设计的图纸。

此又下令重修。这一次他加强了编纂队伍的力量，人员增加到了2000多人，几乎汇集了全国各方面的优秀人才。全书共用了5年时间才定稿，这次明成祖翻阅后表示很满意，亲自撰写《序言》，将其定名为《永乐大典》，并派人誊抄全书。

《永乐大典》全书11095册，22877卷，约3.7亿字，汇集了古今图书七八千种。历代类书的编排方式大致分为两种：一种是按类别编排，大部分类书的编排采用了这种方式，但分类的方法各不相同；还有一种是按韵目编排，《永乐大典》就是采用了这种编排方式。

▲ 朱棣（明成祖）

明成祖在位时期，宣扬儒家思想，以改变明初过于崇尚佛教、道教之风，选拔官吏力求因材而用，同时营建北京，五征漠北、南征安南，派郑和下西洋，下令修撰《永乐大典》等典籍，为当时政治、经济、军事、文化等方面的发展奠定了思想和组织基础。

整部大典使用朱、墨笔写成。朱笔用来绘制边栏界行，书写引用书籍的著者和署名；墨笔用来书写题名、卷数、正文等并绘制图画，整体看起来非常端庄。

大典修成100多

年后，这部巨著获得了嘉靖皇帝的喜爱，他的案头常常放着数册典籍随时翻阅。1562 年，皇宫发生火灾，由于抢救及时，《永乐大典》逃过此劫。此后为保留此书，嘉靖皇帝下令将《永乐大典》重抄。可惜的是，1566 年，嘉靖皇帝去世，在重录副本工作完成之后，正本却不知去向。现在存世的《永乐大典》全都是副本，清雍正之后一直保存于翰林院中。史学家大胆猜测，正本也许是作为陪葬品随嘉靖皇帝入了永陵地宫。但无论如何，正本亡佚，是我国文化史上的巨大损失。

清代《四库全书》编纂完成后，对《永乐大典》管理逐渐松懈，到了光绪年间被偷盗得只剩 800 多册；后经历八国联军肆意抢夺，典籍几乎丧失殆尽，仅剩 64 册。新中国成立后，中国国家图书馆得到各方捐赠，至今已收藏 162 册，而分散于世界各地的还有 200 余册。

国宝价值

《永乐大典》是中国传统文化在越过了唐宋高峰之后，到明代沉淀期进行的一次大总结。通过修撰《永乐大典》，明代文人对中国传统文化的脉络进行了梳理，拯救和保存了大量珍贵的文化典籍，是中国文化的一大盛事。

从内容上看，《永乐大典》囊括了中华民族数千年来所有门类的知识财富，以至于西方的《不列颠百科全书》称其为“世界有史以来最大的百科全书”。

国之瑰宝，类书之最

《钦定古今图书集成》

国宝档案

国宝年代：清代

规格：6 编 32 典，共 1 万卷

收藏场所：中国国家图书馆、北京故宫博物院等

揭开面纱

我们都知道康熙皇帝晚年的“九子夺嫡”事件，康熙皇帝老了，儿子们迫不及待地想登上皇位，因此你争我夺斗得不亦乐乎。然而在康熙皇帝的儿子中，却有一位一心埋头在书房修书的皇三子胤祉。当兄弟们都在为皇位斗得你死我活的时候，胤祉却两耳不闻窗外事，用了 20 多年编撰了一套名为《钦定古今图书集成》的丛书。

这部丛书由康熙皇帝赐名，雍正皇帝作序，修撰过程跨越了两个皇帝的统治期，内容包罗了清朝雍正以前古代社会所形成的各个门类知识，被称为“大清百科全书”，而因为其特殊的包容性，又被称为“类书之最”。它的名声虽然不如后世的《四库全书》，但在读书人的评价中却比《四库全书》更好。那么，这部丛书到底好在哪里呢？

清朝巨制，国之瑰宝

《古今图书集成》于1701年由康熙皇帝下旨命皇三子胤祉组织编撰。因为是皇帝命令，所以编撰者在这套书前面加上了“钦定”两个字。

1728年，《钦定古今图书集成》最终成书，此时皇帝已经从康熙变成了雍正，雍正皇帝亲自为丛书题序，算是宣告了编撰工作最终结束。《钦定古今图书集成》全书共6编、32典、5020册、1万卷，总共有1.6亿字，每部又分汇考、总论、图表、列传、艺文、选句、纪事、杂录、外编等项目编列资料，可以说是集丰富性与权威性于一体。

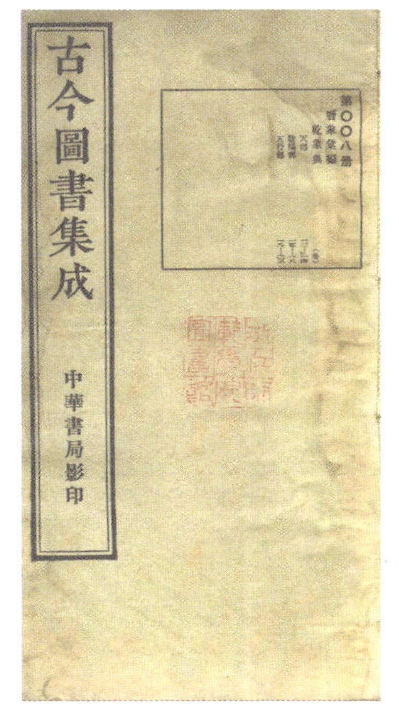

▲《钦定古今图书集成》封面

《钦定古今图书集成》为我国现存规模最大的一部以铜活字印刷的古代类书。

《钦定古今图书集成》的内容极其丰富，古代的人文典籍、天文地理、艺术文化、科学技术等无所不包。更关键的是，主持修撰的胤祉本身是一个文人，

瓶窰連接缸窰
肺神圖
犀圖
水碓
琢玉
北蓋種圖
石陀
鳳凰圖
鶴圖

驢圖

驢轉筒車

瞿如圖

水礱

竹籠

水輾三事

碢斡

輾碾

輾盤

水轉大紡車

▲《钦定古今图书集成》插图

此书内容丰富，图文并茂，花草树木、鸟兽虫鱼、器物用具、楼台亭阁等皆有图形其状。

而总领修撰具体工作的陈梦雷更是儒雅文人，因此很注意保留图书的原始资料，收录的图书几乎都未加改动，尤其是在清朝初期“文字狱”盛行的时代，《钦定古今图书集成》对于很多禁书都加以妥善收录，而这些书在此后的《四库全书》修撰过程中却遭到了毁损，因此在尊重知识这个角度上，《钦定古今图书集成》可以说是做得相当好。

国宝价值

长久以来，《钦定古今图书集成》都被《永乐大典》和《四库全书》的光芒掩盖，以至于很少有人知道这部伟大的巨著。然而，《钦定古今图书集成》的独特价值却是不可磨灭的。

首先，相较于《永乐大典》大量散佚，《钦定古今图书集成》至今仍然完好地保留在图书馆中，因此成为我国现存规模最大、保存最完整的类书。

其次，作为科技爱好者的胤祉和陈梦雷在编撰《钦定古今图书集成》时，十分重视收录科技方面的古籍，还特地设置了天象典、历法典、禽虫典、草木典等，大量录入有关天文、历法、数学、地理等方面的古籍，这一举动为研究中国古代科技发展保留了珍贵的资料。

最后，《钦定古今图书集成》还特别重视地方志、笔记、野史等资料，其中人物传记的资料十分丰富，这也为后人保留了大量历史和文学的研究资料，可以说是功在一时，利在千秋。

◀清　宫廷画家　《康熙帝读书像》

保存完好的古籍宝库《四库全书》

国宝档案

国宝年代：清代

规格：3.6 万多册，7.9 万多卷，约 8 亿字

收藏场所：中国国家图书馆等

揭开面纱

如果说有什么能够代表中国文化古籍的巅峰，那恐怕就非《四库全书》莫属了。《四库全书》是清乾隆年间编撰完成的，囊括了中国有史以来的经史子集各种资料，可以说是中华古代文化的集大成者。而更加难能可贵的是，因为保存得当，《四库全书》全本直到今天仍然被很好地保存着。

今天，中国国家图书馆、台北故宫博物院、甘肃省图书馆、浙江省图书馆都藏有《四库全书》，其中前三馆（院）藏书更是完整地保存着清代时的原貌，可以说是为中华文化留存了一座不可磨灭的宝库。

然而如此宏大的《四库全书》，自修撰时起就非议颇多，很多人在肯定《四库全书》价值的同时又对它不乏抨击。那么，《四库全书》的争议到底因何而来呢？

大修书还是大毁书？

乾隆自称“十全老人”，他对于自己的统治十分自信，平定西南、西北叛乱是他自我称道的武功，而修《四库全书》则是他引以为傲的文治。

《四库全书》的总纂官为名臣纪晓岚，此外还有多达360位的学者参与编撰，为修书服务的抄写人员多达3800人。

《四库全书》所包含的内容之多、范围之广绝无仅有，它囊括了上自先秦、下至清朝乾隆之间2000多年的3500多种重要书籍，修撰完成之后总册数超过3.6万册，总字数约8亿。一个人想要从头把《四

▲纪昀画像

纪昀字晓岚，清代官员、文学家，一生精力悉付《四库全书》。

▼《钦定四库全书》之《中丞集》二卷 卷首 附录 明 练子宁著 清乾隆时期文澜阁抄本（局部）

此为《四库全书·集部》，内文为明洪武至崇祯的《中丞集》。

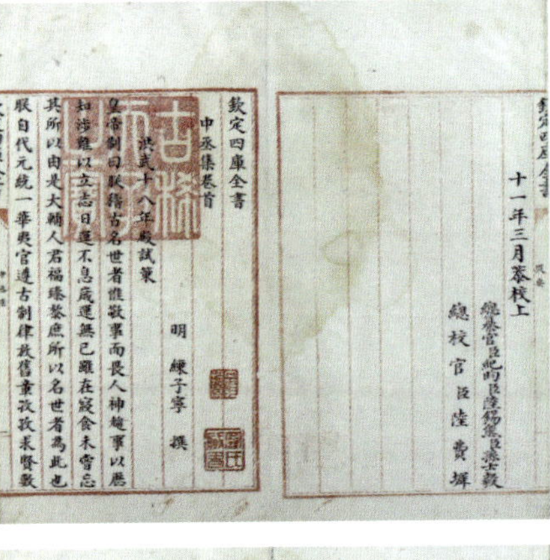
欽定四庫全書 提要

十一年三月恭校上

總纂官臣紀昀臣陸錫熊臣孫士毅

總校官臣陸費墀

欽定四庫全書

中丞集卷首

明 練子寧 撰

洪武十八年殿試策

皇帝制曰朕稽古名世者惟敬事而畏人神趨事以應知涉難以立志日運不息歲運無已雖在寢食未嘗忘其所以由是大輔人君福臻黎庶所以名世者為此也朕自代元統一華夷官遵古制律救舊章孜孜求賢數

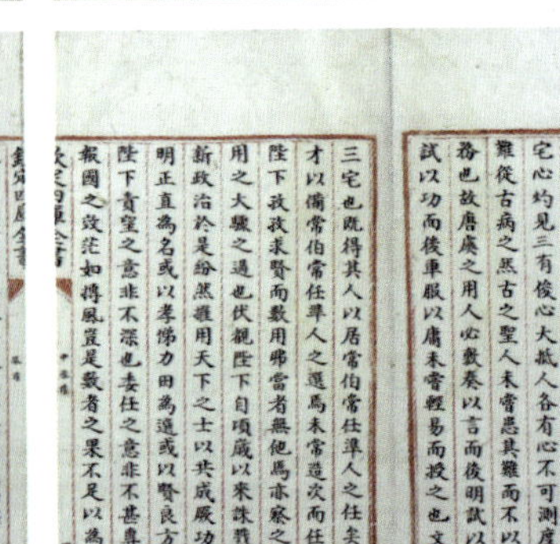
生民計日夜念此至熟也至於數用弗當雖臣亦疑之然而未敢遽為陛下道也夫人君之道在於知人臣之職在於任事君有知人之明則臣有任事之實矣昔者臯陶之陳謨曰在知人文王之任宅俊曰克知三有宅心灼見三有俊心大抵人各有心不可測度知人之難從古病之然古之聖人未嘗患其難而不以是為先務也故唐虞之用人必敷奏以言而後明試以功必明試以功而後車服以庸未嘗輕易而授之也文王之於

三宅也既得其人以居常伯常任準人之任矣又儲其才以備常伯常任準人之選焉未嘗遂次而任之也今陛下孜孜求賢而數用弗當者無他焉亦察之不詳而用之太驟之過也伏覩陛下自頃歲以來誅戮奸回作新政治於是紛然雜用天下之士以共成厥功或以聰明正直為名或以孝悌力田為選或以賢良方正為科陛下責望之意非不深也委任之意非不甚專也然而報國之效茫如捕風豈是數者之果不足以為治哉亦

徇其名而不求其實之故也是故古之用人者日夜思之必其人之足以當是任也然後以是任畀之而不疑今也不然以小善而遽進之以小過而遽棄之陛下求賢之意雖孜孜而賢才不足以副陛下之望者殆此也且夫天下之才生之為難成之為尤難陛下既知生之成之之難矣又豈忍以區區之小故而即付於刀鋸斧鉞之地哉昔漢武帝以英武之資而所用之人或朝奏暮召少不如意則誅戮隨之故汲黯有言曰以有限之才養無窮之誅武帝曰不然天下之才無窮特患人君不能用之臣以為武帝非不能用之患在不能知之耳苟誠知之也大以成其大小以成其小量其才而任之以官因其能而授之以職果姦邪也則誅之戮之果庸劣也則黜之退之又何患於殺戮而後曰吾能用天下之才也哉使武帝之計為是是堯舜三代之道為不足法矣伏讀聖策曰其有能者委以腹心多面從而志異純德君子授以祿位但能數古於事束手中才下士廉

恥無知身命弗顧造罪淵泉永不克已張君之惡若非真賢至聖亦莫不被其所惑若此無已奈何為治臣聞德勝才謂之君子才勝德謂之小人才德俱全謂之聖人才德俱亡謂之愚人才德俱全固世之所罕矣臣竊觀自秦漢以來竊人主之柄以成天下之禍者率皆才勝德之小人也又豈特面從而志異哉若夫純德君子但能數古於事束手者無他亦歷涉之不詳練習之不數故耳故三代之教八歲入小學而教之以禮樂射御書數之文而後世有皓首不能周知其名數者十五入大學而教之脩己治人之道而後世有沒齒而不躬行其萬一者此古之君子皆卓然有為而今之君子所以不及也臣伏覩陛下升御以來興天下之學校育天下之賢才亦云至矣然如教之之術尚有未盡故士之成就者亦尚有所未至也臣願陛下求胡瑗之法立經義治事齋經義齋者各治一經治事齋者各治一事如治民治兵水利算數之類內自京邑外達府州縣各妙選

其術之尤者以為學校之師而歲考其成績則成德之君子不患其束手無措矣至於下士之徒無恥之輩則臣謂謂才德俱亡之謂也是故宜在擯棄之列矣陛下能詳於其始則可略於其終能勞於其先則可逸於其後知人之道苟無其訣則施之職任各得其當又焉有奈何為治之嘆哉陛下之所以策臣者大略如此而於其末復命之曰爾諸文士雖在進學之秋未得乎庶典但能條陳可否則知利鈍此陛下責臣之愚而欲盡臣其說也又曰既承朕命悉乃心力志根名世在斯舉始必如朕意此陛下導臣之進而欲臣以古人自期也臣之所謂可否者前既已陳之矣至於利鈍則非臣所敢計也陛下之欲臣以名世自期者臣則請服膺於敬事而畏人神之一語矣至於阿曲以求悅逢迎以徼寵不思責難陳善而惟徇乎陛下之意焉則非臣之所學也臣等荷陛下生成之恩受陛下教育之德倘不以芻蕘之賤而棄臣則所謂欲得夫名世之臣者在陛下教之

之有其方知之盡其道竊愚陋之言無足采者惟陛下調其拳拳之忠而有以教之不勝幸甚臣謹對

中丞集卷首

欽定四庫全書

中丞集卷上

明 練子寧 撰

序

送廖燕善入大學序

經所以載道故士之欲明夫聖賢之道者必急於治經經既治則天下之理有不足明而天下之事有不足識者矣後之治經則不然言理者或不足於事為施政者

或不本於道德而甚者附會穿鑿取先儒之糟粕而竄竊之以求合有司之尺度幸有得焉則出而施於人曰我知聖賢之道如是而已矣正心誠意之實漠然不與其身心也嗚呼經之設豈端使然與抑浮靡之俗習而浮薄之習勝與無乃繁陋之相承而魁傑有志之士偶未之思與何其習俗之難易也余嘗怪而疑之邑人廖燕善治經而有志於道者也於其別書以問之

石田書隱詩序

淦城之南六十里有地曰石郎其土衆山聳然而角立其下清泉泱然而交流其中佳木鬱然而並植問其居則曰錢氏也問其世則曰故吳越之苗裔也問其俗則曰晝耕耘而夕絃歌也余嘗過而樂焉肩輿造門錢氏之胄曰伯起目其貌專精而秀發聽其言疏通而練習余固疑其將慨然出而為世之用也後六年余自京師歸復過其廬則伯起方蓄書築室以為休隱之計出其卷所謂石田書隱者求余序之且曰吾將老於山林待

子一言以傳諸不朽余怪而問焉伯起曰太上不言命其次居易以俟命其下妄行而不知命夫富貴貧賤壽夭命也隨所遇而安之者君子所以俟天命也是故坐于廟堂上佐天子而下率百官者命也一邱一壑而盡力手畊釣而究意於方冊者亦命也之二者皆命也夫子彼必得乎此而世之人常汲汲於彼而戚戚於此余竊惑焉故吾隨所遇而必安焉若曰慕富貴而羞貧賤豈余之志哉又曰人之所立者禮義也所營者衣食也石田之入雖薄而可以供伏臘也詩書之教雖迂而可以淑后昆也吾之所得天命者既不足以兼善天下矣豈不足以獨善其身乎嗟夫余今而後知伯起之為不可及也始予之識伯起也以其才能之美足以服一官之任而已矣不知其他也今觀其於富貴貧賤之際如此豈不超然有賢於人矣乎然則若伯起者其幾於俟命君子矣遂書是語以為之序工乎詩者宜樂道之

送光祿署令李孟辟服滿入京序

库全书》读完，至少需要20年。

那么，这套书具体是如何修撰而成的呢？首先是选书，为了挑选最好的版本，在全国各地征集流传的各种图书，并由此设立了奖励制度，凡是进呈图书的，根据具体情况由朝廷给予不同的奖励。仅征集图书这一项就历时7年时间，这个工作量有多大就可想而知了。

其次是抄书，为了让版本不同、保存状况不一的图书形成统一的文献资料，必须将搜集到的图书进行整理，而整理最关键的就是抄书。为此，乾隆皇帝从全国各地征集3000多名学者，要求他们用工整的正楷抄书，所抄字体统一、规范如出一人，为此也特别设置了各种奖罚制度，有些人因为抄书工作完成得好还被授予了官职。

再次是校订，为了保证《四库全书》的质量，其校订过程非常严格，每一本书都是经过几道校订，然后由总纂官纪晓岚确认无误后，才最终装帧进呈。

由于《四库全书》内容多，前后共用了14年之久，这项工作花费了巨大的人力物力，据当时学者统计，仅银钱就花费了超过50万两，这在中国古代历史上可以说是空前绝后了。

就像政治上、军事上要成为乾纲独断的帝王一样，在文化上乾隆皇帝也想要获得至高无上的地位。然而就清朝前期的几位皇帝比较而言，乾隆皇帝的文化修养和帝王胸襟又稍显不足，表现在修《四库全书》这件事上，就是他凭着自己的喜好删改、禁毁图书。

在修书时，他下令删改、销毁一些对清政府统治不利的资料，这使得大批明代古籍遭遇浩劫，尤其是明晚期士人非议满人政权的作品，乾隆皇帝都下令销毁，可谓中国文化的一大损失。

此外，在明朝末期，随着西方传教士的进入，一些科技作品开始在中国流传，但到了乾隆这里，他将这些西方译作统统视为“异端”加以销毁。而明代晚期一些善于反思的知识分子也曾写下一些批评儒家思想的著作，也同样在“异端”行列受到了销毁。因此有人评价，《四库全书》的编撰既是中国文化的盛事，又是中国文化的一场浩劫。

国宝价值

中华文明历史悠久，很多朝代都有过修书的举动，但编撰《四库全书》无疑是史上最浩大、影响最深远的一次修书。

《四库全书》的分类标准和原则体现了中国古典文献传承的科学体系，对后来图书分类有着巨大的影响。与此同时，它开创了多层次的古籍编撰和保存工程，搜集整理了大量的历史文献资料，更从民间挽救了大量即将湮灭的珍贵图书，这些都让《四库全书》具有了无与伦比的文献价值、史料价值、文物价值。

世界建筑文化遗产

《样式雷图档》

国宝年代：清朝

规格：纸本、绢本设计图纸

收藏场所：中国国家图书馆、北京故宫博物院、颐和园等

揭开面纱

紫禁城、颐和园、天坛、避暑山庄……这些伟大的建筑是祖先留给我们的文化遗产。我们都知道，它们是古代劳动人民一砖一瓦建造的，那么，设计它们的又是谁呢？说来可能令人惊奇，这些伟大建筑的设计师居然都来自一个家族——样式雷。

2020年，为纪念紫禁城建成600周年，同济大学和天津大学联合主办了一项展览，展览的内容就是介绍“样式雷”的历史和图档。原来，这个专门从事建筑设计的家族把原始的设计手稿都保留了下来，因此，我们今天才能够通过欣赏这些精美又复杂的手稿，回看这些伟大建筑在最初时的模样。

家族图档成为世界记忆遗产

在古代进行大型工程建筑之前，先要用图纸、模型做出建筑的基本样子，这些图纸、模型就被称为“样式”，久而久之，建筑样式就成了建筑设计行业的代名词。那么顾名思义，样式雷就是一个专门从事建筑设计行业的雷姓家族。

雷姓家族是从什么时候开始从事建筑设计的已经无从考证，现有历史记载只知道17世纪雷姓家族传人雷发达来到北京，凭借精湛的手艺和过人的创意，成了很多建筑的总设计师。后来他被任命为皇家宫殿设计师，雷姓家族也因此在北京安家落户。

雷发达去世后，他的后代传人雷金玉、雷家玺、雷景修等人，又先后从事建筑设计工作。因为有先祖奠定的基础，雷姓家族逐渐成为清朝皇家御用的设计师，

▲《雷氏族谱》

据《雷氏族谱》记载，康熙二十二年（1683年），雷氏“以艺应募”，举家迁至北京，参与营造皇家宫苑。

▲清　《康熙万寿庆典图》（局部）

此图为康熙六十大寿庆典，其中的点景设计由“样式雷”世家主持。

大到宫殿居所、皇家园林，小到室内装潢、家具设计，雷家都有其独到之处，为后人留下了大量精美的艺术品。

清朝灭亡之后，皇家建筑设计的工作随之消亡，雷家也开始慢慢走向民间。20 世纪 30 年代，雷家传人将家族保存的大量图样、烫样、工程做法等相关文献卖给了当时的北平图书馆，而北平图书馆专门将其命名为《样式雷图档》加以保存。

目前存世的样式雷图档有 2 万多件，主要存放于中国国家图书馆、北京故宫博物院和中国第一历史档案馆。其中，中国国家图书馆藏 1.5 万余件，是收藏数量最大、品种最全的机构。现存的样式雷图档，时间上起 18 世纪下至 20 世纪初，内容涵盖了城市、宫殿、园林、坛庙、陵寝、府邸、学堂等清代皇家建筑。同时文档种类繁多，有勘测选址图、建筑设计草图、进呈图样、施工进程图等，可以说是中国古代建筑艺术史的一笔宝贵的财富。

国宝价值

2007 年，《样式雷图档》作为我国古代历史文化的经典遗存，入选了《世界记忆遗产名录》，成为中华文明的卓越代表。

《样式雷图档》精密地还原了中国古代大型建筑设计、建造的过程，为后人了解中国建筑发展的历史提供了宝贵的参考资料。与此同时，作为中国古代建筑最翔实、最直观的建筑设计艺术典籍，《样式雷图档》可以与现存的大量建筑实物相互对照，这在世界建筑历史上也是非常罕见的，因此对于我国古代建筑史、传统建筑图学、传统建筑设计思想等多方面的研究都有无法替代的文献价值。

▲圆明园烫样　天地一家春

圆明园“天地一家春”烫样是样式雷家族烫样留档中的经典之作。

图书在版编目（CIP）数据

写给青少年的书法·碑刻·古籍档案 / 孙建华著.
—成都：天地出版社，2023.6
（写给青少年的国宝档案）
ISBN 978-7-5455-7594-1

Ⅰ.①写… Ⅱ.①孙… Ⅲ.①碑刻－汇编－中国
Ⅳ.①K877.42②I269

中国国家版本馆CIP数据核字（2023）第020737号

XIEGEI QINGSHAONIAN DE SHUFA · BEIKE · GUJI DANG'AN

写给青少年的书法·碑刻·古籍档案

出品人　杨　政
作　者　孙建华
责任编辑　杨永龙　孙若琦
责任校对　梁续红
封面设计　尹琳琳
内文排版　马宇飞
责任印制　王学锋

出版发行　天地出版社
（成都市锦江区三色路238号　邮政编码：610023）
（北京市方庄芳群园3区3号　邮政编码：100078）
网　址　http://www.tiandiph.com
电子邮箱　tianditg@163.com
经　销　新华文轩出版传媒股份有限公司

印　刷　三河市嘉科万达彩色印刷有限公司
版　次　2023年6月第1版
印　次　2023年6月第1次印刷
开　本　880mm × 1230mm　1/32
印　张　3.5
字　数　75千字
定　价　25.00元
书　号　ISBN 978-7-5455-7594-1

咨询电话：（028）86361282（总编室）
购书热线：（010）67693207（营销中心）